V PAVAN KUMAR
K RAMESH
P RAVINDRA REDDY

Introdução à programação

V PAVAN KUMAR
K RAMESH
P RAVINDRA REDDY

Introdução à programação

Comum a todos os ramos da engenharia

ScienciaScripts

Imprint

Cover image: www.ingimage.com

This book is a translation from the original published under ISBN 978-620-7-46432-6.

Publisher:
Sciencia Scripts
is a trademark of
Dodo Books Indian Ocean Ltd. and OmniScriptum S.R.L publishing group

120 High Road, East Finchley, London, N2 9ED, United Kingdom
Str. Armeneasca 28/1, office 1, Chisinau MD-2012, Republic of Moldova, Europe
Printed at: see last page
ISBN: 978-620-7-75758-9

Conteúdo

Capítulo 1

COMPUTADOR

1.1 Computadores

Um computador é um dispositivo eletrônico que processa dados e executa instruções, consistindo em componentes de hardware e programas de software para realizar diversas tarefas. Opera em código binário e é essencial para processamento de informações, comunicação e automação em diversos campos.

1.2 História dos Computadores

A história dos computadores é uma viagem fascinante que se estende por séculos, marcada por inúmeras inovações e avanços tecnológicos.

Calculadoras Antigas: Os primeiros dispositivos conhecidos para realizar cálculos incluem o ábaco, que remonta a cerca de 3.000 aC, e o Mecanismo de Anticítera (c. 150-100 aC), um antigo computador analógico grego usado para prever posições astronômicas e eclipses.

Calculadoras Mecânicas: No século XVII, inventores como Blaise Pascal e Gottfried Wilhelm Leibniz desenvolveram calculadoras mecânicas capazes de realizar adição e subtração. A máquina de Leibniz também poderia multiplicar-se e dividir-se.

Máquina Analítica (1837): Projetada por Charles Babbage, a Máquina Analítica é frequentemente considerada o primeiro computador mecânico de uso geral. Ele usava cartões perfurados para entrada e apresentava uma Unidade Lógica Aritmética (ALU) e memória. Embora nunca tenha sido construído durante sua vida, o trabalho de Babbage lançou as bases para a computação moderna.

Máquina de Tabulação de Hollerith (1890): Inventada por Herman Hollerith, esta máquina usava cartões perfurados para processar e tabular dados. Foi usado no Censo dos EUA de 1890 e mais tarde formou a base para as primeiras máquinas da IBM.

Primeiro Computador Eletrônico (ENIAC, 1945): O Integrador Numérico Eletrônico e Computador (ENIAC), desenvolvido na Universidade da Pensilvânia, foi o primeiro - computador eletrônico de uso geral do mundo. Ele usava tubos de vácuo para processamento e era usado principalmente para cálculos científicos.

Computadores com programas armazenados (1940-1950): O desenvolvimento do computador com programas armazenados, onde instruções e dados são armazenados na memória, marcou um avanço significativo. Máquinas notáveis desta época incluem o Manchester Mark I e o EDSAC. **Transistores e miniaturização (1950-1960):** A invenção do transistor em 1947 pelos Bell Labs revolucionou a computação ao substituir os tubos de vácuo que consomem muita energia. Isso levou ao desenvolvimento de computadores menores e mais eficientes.

Microprocessadores (década de 1970): A introdução do microprocessador, como o Intel 4004, marcou uma mudança em direção à computação pessoal. Esses circuitos integrados continham a CPU em um único chip, tornando os computadores menores e mais acessíveis.

Computadores pessoais (década de 1980): A década de 1980 viu o surgimento dos computadores pessoais, incluindo o IBM PC e o Apple Macintosh. Essas máquinas levaram a computação para residências e empresas, abrindo caminho para a revolução digital.

Internet e World Wide Web (década de 1990): O desenvolvimento da Internet e da World Wide Web transformou a computação em um fenômeno global, conectando pessoas e informações em todo o mundo.

Dispositivos móveis e inteligentes (anos 2000 até o presente): O século 21 testemunhou a proliferação de smartphones, tablets e outros dispositivos de computação portáteis, mudando a forma como as pessoas interagem com a tecnologia.

Computação em nuvem e IA (anos 2000 até o presente): A computação em nuvem permite acesso a poderosos recursos de computação pela Internet, enquanto os avanços na inteligência artificial e no aprendizado de máquina abriram novas fronteiras na automação e na análise de dados.

1.3 Organização básica de um computador

A organização básica de um computador normalmente consiste em vários componentes fundamentais que trabalham juntos para executar diversas tarefas computacionais.

1. **Unidade Central de Processamento (CPU):** A CPU é o cérebro do computador. Ele executa instruções e realiza cálculos. Consiste em uma Unidade Lógica Aritmética (ALU) para operações matemáticas, uma Unidade de Controle (CU) para gerenciar a execução de instruções e registros para armazenamento temporário de dados.

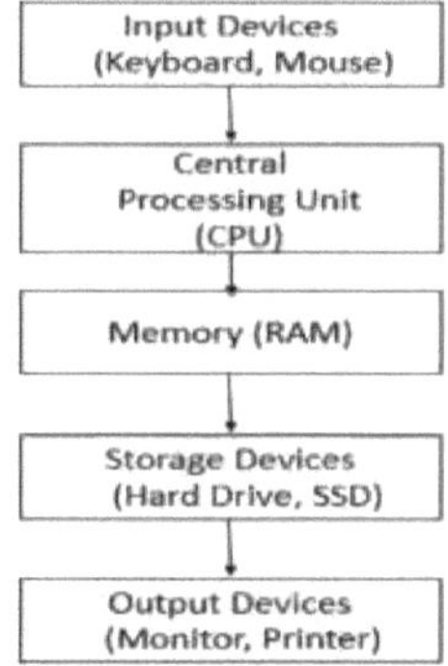

Fig 1.1: organização básica de um computador

2. **Memória:** Os computadores têm dois tipos principais de memória:

RAM (memória de acesso aleatório): RAM é uma memória volátil usada para armazenamento temporário de dados. Ele armazena dados e instruções de programa que estão sendo usados ativamente pela CPU. Quando o computador é desligado ou reiniciado, os dados da RAM são apagados.

ROM (memória somente leitura): ROM é uma memória não volátil que armazena firmware essencial e instruções necessárias para a inicialização do computador. Normalmente não é modificado pelo usuário.

3. **Dispositivos de armazenamento:** Esses dispositivos são usados para armazenamento de dados de longo prazo. Os tipos comuns incluem unidades de disco rígido (HDDs), unidades de estado sólido (SSDs) e unidades ópticas (por exemplo, unidades de CD/DVD). Os dispositivos de armazenamento armazenam o sistema operacional, aplicativos de software e dados do usuário.

4. **Dispositivos de entrada:** Esses dispositivos permitem aos usuários inserir dados e comandos no computador. Dispositivos de entrada comuns incluem teclados, mouses, telas sensíveis ao toque e microfones.

5. **Dispositivos de saída:** Esses dispositivos exibem ou enviam informações do computador

para o usuário. Os exemplos incluem monitores, impressoras, alto-falantes e fones de ouvido.

6. **Placa-mãe:** A placa-mãe é a placa de circuito principal que conecta e integra todos os componentes do computador. Ele contém o soquete da CPU, slots de RAM, slots de expansão e vários conectores para periféricos.

7. **Slots de expansão:** Esses slots permitem aos usuários adicionar componentes de hardware adicionais, como placas gráficas, placas de som ou adaptadores de rede, para aprimorar os recursos do computador.

8. **Unidade de fonte de alimentação (PSU):** A PSU fornece energia elétrica aos componentes do computador. Ele converte a energia CA de uma tomada em energia CC exigida pelos componentes do computador.

9. **Sistema de resfriamento:** Os computadores geram calor durante a operação, e os sistemas de resfriamento, que podem incluir ventiladores e dissipadores de calor, ajudam a dissipar esse calor para evitar o superaquecimento e manter o funcionamento adequado.

10. **Sistema de barramento:** Os barramentos são vias de comunicação que conectam vários componentes do computador. O barramento de dados, o barramento de endereço e o barramento de controle facilitam a transferência de dados e os sinais de controle entre a CPU, a memória e outros componentes de hardware.

11. **Sistema Operacional (SO):** O SO é um software de sistema que gerencia e controla recursos de hardware, fornece uma interface de usuário e permite que os usuários executem software
formulários. Exemplos de sistemas operacionais incluem Windows, macOS e Linux.

12. **Aplicativos de software:** são programas que os usuários executam para executar tarefas ou funções específicas, como processamento de texto, navegação na web e jogos.

1.4 Unidade Lógica Aritmética (ALU)

A Unidade Lógica Aritmética (ALU) é um componente fundamental da Unidade Central de Processamento (CPU) de um computador. Sua principal função é realizar operações aritméticas e lógicas nos dados .

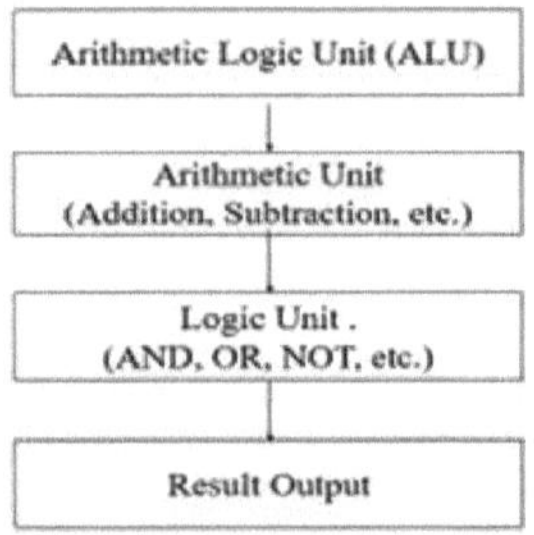

Fig 1.2: Unidade Lógica Aritmética

1. **Operações Aritméticas:** A ALU pode realizar operações aritméticas básicas, como adição, subtração, multiplicação e divisão. Essas operações são essenciais para cálculos matemáticos e manipulação de dados.

2. **Operações Lógicas:** Além das operações aritméticas, a ALU pode realizar operações lógicas, como AND, OR, NOT e XOR. Essas operações são usadas para tomada de decisão, comparação e manipulação de dados bit a bit.

3. **Processamento de dados:** A ALU opera em dados binários, que consistem em 1s e 0s. Ele pode lidar com dados de vários tamanhos, normalmente de 8 bits, 16 bits, 32 bits ou 64

bits, dependendo da arquitetura da CPU.

4. **Registros:** A ALU usa registros para armazenar dados temporários durante os cálculos. Os registros são locais de armazenamento pequenos e de alta velocidade dentro da CPU. Eles contêm operandos (valores de entrada), resultados de cálculos e valores intermediários durante o processamento.

5. **Interação da Unidade de Controle:** A ALU opera sob o controle da Unidade de Controle (CU) da CPU. A UC busca instruções na memória, decodifica-as e determina quais operações a ALU deve realizar com base na instrução.

6. **Flags:** A ALU define vários flags de condição após realizar as operações. Sinalizadores comuns incluem o sinalizador zero (indicando se o resultado é zero), o sinalizador carry (usado em adição e subtração) e o sinalizador overflow (usado em aritmética sinalizada).

7. **Processamento de Pipeline:** Nas CPUs modernas, a ALU geralmente opera como parte de um pipeline, onde múltiplas instruções podem estar em vários estágios de execução simultaneamente. Isso aumenta a eficiência e o rendimento da CPU.

8. **Paralelismo:** Algumas CPUs podem ter múltiplas ALUs para realizar operações em paralelo, aumentando ainda mais a velocidade de processamento.

9. **Microarquitetura:** Diferentes arquiteturas de CPU podem ter variações no design da ALU, incluindo o número de ALUs, operações suportadas e organização de registros.

1.5 Unidades de entrada e saída (E/S)

Unidades de entrada e saída (E/S) são componentes cruciais na organização básica de um computador. Eles facilitam a interação entre o computador e seu ambiente externo, permitindo aos usuários inserir dados, receber resultados e interagir com o sistema.

Unidades de entrada:

As unidades de entrada são responsáveis por aceitar dados e instruções de fontes externas e transferi-los para o computador para processamento. Dispositivos de entrada comuns incluem:

Teclados: Os teclados permitem que os usuários insiram texto, números e comandos no computador pressionando teclas.

Ratos e dispositivos apontadores: Ratos e dispositivos apontadores fornecem um meio para os usuários interagirem com interfaces gráficas de usuário (GUIs), movendo um cursor na tela e selecionando objetos.

Scanners: Os scanners convertem textos e imagens impressos ou manuscritos em formato digital, tornando-os acessíveis para processamento por computador.

Telas sensíveis ao toque: As telas sensíveis ao toque permitem que os usuários insiram dados e comandos tocando diretamente na tela. Eles são comuns em smartphones, tablets e alguns monitores de desktop.

Microfones: Os microfones capturam a entrada de áudio, que pode ser processada e usada para reconhecimento de voz, gravação ou comunicação.

Sensores: Vários sensores, como sensores de temperatura, umidade ou pressão, coletam dados do ambiente físico e os fornecem ao computador para análise.

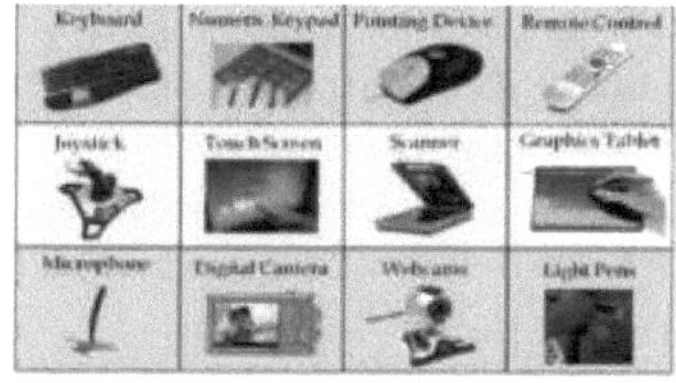

Fig 1.3: Unidades de entrada

Unidades de saída:

As unidades de saída são responsáveis por apresentar aos usuários as informações processadas pelo computador em um formato legível por humanos. Dispositivos de saída comuns incluem:

Monitores: Os monitores exibem texto, gráficos e saída de vídeo gerados pelo computador Programas. Eles são comumente usados para produção visual.

Impressoras: As impressoras produzem cópias impressas de documentos, imagens ou dados, permitindo aos usuários criar registros físicos de informações digitais.

Alto-falantes e fones de ouvido: esses dispositivos de saída de áudio reproduzem o som gerado pelo computador, como música, alertas do sistema ou saída de voz.

Projetores: Os projetores exibem conteúdo gerado por computador em uma tela ou superfície grande, tornando-os adequados para apresentações e visualização em grandes grupos.

Displays de LED: Os displays de LED são usados para diversos fins, incluindo placares, sinais digitais e outdoors eletrônicos.

Dispositivos de feedback tátil: alguns sistemas incorporam dispositivos de feedback tátil, como motores de vibração ou controladores de feedback de força, para fornecer feedback tátil aos usuários.

Dispositivos de armazenamento de dados: embora não sejam dispositivos de saída tradicionais, os dispositivos de armazenamento de dados, como unidades de disco rígido (HDDs) e unidades de estado sólido (SSDs), servem como armazenamento de longo prazo para dados digitais criados ou processados pelo computador.

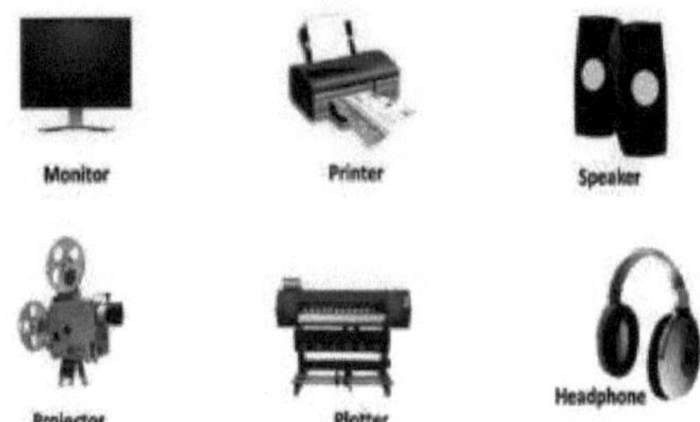

Fig 1.3: Unidades de Saída

1.6 Memória do computador

Definição: A memória do computador é um componente essencial de um sistema de computador que armazena dados e instruções para processamento. Ele permite que o computador acesse, recupere e armazene informações. **Importância da memória:**

- **Velocidade:** A memória primária fornece acesso rápido para processos ativos, aumentando a velocidade geral do sistema.
- **Armazenamento:** A memória secundária oferece espaço maior e não volátil para armazenamento e recuperação de dados de longo prazo.
- **Desempenho:** A combinação de memória primária e secundária contribui para o manuseio eficiente de dados e desempenho do sistema.

Tipos de memória de computador

1. **Memória primária:**

- **Memória de acesso aleatório (RAM):**
- Memória volátil usada para armazenar dados temporariamente e executar programas

ativamente.

- Acesso rápido, mas os dados são perdidos quando o computador é desligado.

• **Memória cache:**

- Memória de alta velocidade localizada perto da CPU.
- Armazena dados usados com frequência para acesso mais rápido.
- **. Memória secundária:**

. Unidade de disco rígido (HD):

- Armazenamento não volátil para armazenamento de dados de longo prazo, incluindo sistema operacional e software.

. Unidade de estado sólido (SSD):

- Armazenamento não volátil usando memória flash NAND para acesso mais rápido aos dados e durabilidade.

• **Unidades ópticas (por exemplo, CD/DVD/Blu-ray):**

- Armazenamento não volátil usando discos ópticos para armazenamento e recuperação de dados.

. Unidade Flash USB:

- Armazenamento portátil e não volátil comumente usado para transferência e backup de dados.

• **Disco rígido externo:**

- Armazenamento não volátil portátil ou de mesa com capacidade adicional e opções de backup.

1.7 Contador de programa

Definição: O contador do programa é um registrador da CPU que rastreia o endereço de memória da próxima instrução a ser buscada e executada em um programa.

Exemplo: calcula a soma de dois números e armazena o resultado na memória

1. Carregue o primeiro número da memória em um registrador (por exemplo, R1)
2. Carregue o segundo número da memória em outro registro (por exemplo, R2)
3. Adicione o conteúdo de R1 e R2 e armazene o resultado em um terceiro registro (por exemplo, R3)
4. Armazene o resultado em R3 de volta na memória
5. Interrompa o programa

Neste exemplo, o contador do programa começaria em 1 e aumentaria em 1 após cada instrução ser executada.

1. PC = 1 (Carregue o primeiro número)
2. PC = 2 (Carregue o segundo número)
3. PC = 3 (somar os números)
4. PC = 4 (armazene o resultado)
5. PC = 5 (parada)

Bancos de perguntas

Perguntas de 2 pontos

1. Qual é a função da Unidade Central de Processamento (CPU) em um sistema de computador?
2. Explique o papel da RAM (Random Access Memory) na organização básica de um computador.
3. Defina "dispositivos de armazenamento" e forneça dois exemplos comumente usados em

sistemas de computador.

4. Descreva resumidamente a diferença entre memória volátil e não volátil em um computador.
5. Definir o Contador de Programa (PC) e explicar sua função principal em um sistema de computador?
6. Definir dispositivos de entrada e saída no contexto de um sistema de computador e fornecer um exemplo de cada.
7. Explique a função de uma impressora como dispositivo de saída na organização básica de um computador.
8. Descrever a função de um mouse de computador como dispositivo de entrada e como ele interage com o sistema do computador.
9. Discuta a importância do teclado como dispositivo de entrada e seu papel na entrada de dados em um computador.

10 pontos Perguntas

1. Explique os componentes básicos de um sistema de computador e suas funções.
2. Discuta a função da Unidade Central de Processamento (CPU) em um computador e como ela interage com a memória e os dispositivos de entrada/saída.
3. Examine os meandros e funcionalidades da Unidade Lógica Aritmética (ALU) dentro da Unidade Central de Processamento (CPU) de um sistema de computador.
4. Examine a hierarquia da memória do computador, distinguindo entre memória primária e secundária e suas respectivas funções no armazenamento e recuperação de dados.
5. Explore os dispositivos de entrada e saída comumente usados em sistemas de computador e elucide suas funções na organização geral de um computador.

Perguntas objetivas

1. Qual é a função principal da CPU em um computador? [D]

A) Armazenamento de dados
B) Controle periférico
C) Renderização gráfica
D) Execução de instrução

2. Qual componente serve como placa de circuito principal em um sistema de computador? [C]

A) CPU
B) BATER
C) Placa-mãe
D) Disco rígido

3. O que RAM significa em computação? [B}

A) Memória somente leitura
B) Memória de acesso aleatório
C) Matriz redundante de memória
D) Módulo de acesso em tempo real

4. Que tipo de memória não é volátil e armazena dados permanentes? [B]

A) BATER
B) ROM
C) Cache
D) Flash

5. Como os dados são representados em código binário? [C]

A) 0 e 2
B) 1 e 3
C) 0 e 1
D) A e B

6. Qual é a função principal de um sistema operacional em um computador? [C]

A) Armazenamento de dados
B) Fabricação de ferragens
C) Gestão de recursos
D) Renderização gráfica

7. Qual dispositivo de armazenamento é usado para armazenamento de dados de longo prazo em um computador? [C]

A) BATER
B) CPU
C) Disco rígido
D) SSD

8. Qual é a finalidade da memória cache em um computador? [B]

A) Armazenamento de longo prazo
B) Armazenamento temporário de dados
C) Renderização gráfica
D) Comunicação de rede

9. Qual é a função principal da ALU em uma CPU? [B]

A) Renderização gráfica
B) Operações aritméticas e lógicas
C) Armazenamento de memória
D) Controle periférico

10. Qual é a finalidade da memória virtual em um sistema de computador? [B]

A) Renderização gráfica
B) Capacidade de armazenamento estendida
C) Acesso mais rápido aos dados
D) Comunicação de rede aprimorada

Capítulo 2

INTRODUÇÃO À PROGRAMAÇÃO

2.1 Programa

Um programa é um conjunto de instruções que satisfazem a terminologia de linguagens específicas.

As aplicações são resolvidas projetando programas em qualquer uma das linguagens de computador.

2.2 Linguagens de Computação

Definição: Linguagens de computador são códigos e sintaxe especializados usados para comunicar instruções a um computador. Facilitam a interação entre humanos e computadores, possibilitando a criação de softwares e a execução de tarefas.

Em geral, as linguagens de computador são classificadas em dois tipos como:

eu. Linguagens de baixo nível

ii. Linguagens de alto nível

i. Linguagens de baixo nível:

A linguagem de máquina e a linguagem Assembly são linguagens de baixo nível.

a) Linguagem de máquina:

- A linguagem de máquina é formada com a combinação de códigos de máquina que são números binários como 0 e 1.
- A linguagem de máquina também é conhecida como linguagem binária.
- A linguagem de máquina é considerada a **Linguagem de Primeira Geração (1GL).**

Exemplo: 1001 0001 0010 1100

0010 1111 0101 0011

b) Linguagem assembly:

- A linguagem assembly é formada com a combinação de palavras simples em inglês conhecidas como **códigos mnemônicos** como **ADD, SUB, MUL** etc.,
- A linguagem assembly é considerada a **linguagem de segunda geração (2GL).**

Exemplo :

```
SEGMENTO DE DADOS
-------
FIM DOS DADOS
SEGMENTO DE CÓDIGO
--------
MOV AX, N1
MOV BX, N2
ADICIONAR AX, BX
-------
CÓDIGO FINAL
```

As linguagens de baixo nível sempre tentaram melhorar a eficiência da máquina ao projetar os programas.

ii. Idiomas de alto nível

- Linguagens de alto nível são formadas com a combinação de **frases simples em inglês** .
- Linguagens de alto nível também são chamadas de **Linguagens de Terceira Geração (3GL).**

Exemplos : Pascal, FORTRAN, COBOL, C, C++, Java etc.,

Linguagens de alto nível são ainda classificadas em diferentes tipos, como:

a) Linguagens processuais
b) Linguagens de programação estruturadas
c) Linguagens orientadas a objetos

a) Linguagens processuais:

O programa é dividido em vários **procedimentos** e os dados podem ser movidos de um local para outro.

Exemplos: FORTRAN, BASIC, COBOL etc.,

b) Linguagens de programação estruturadas:

O programa é dividido em várias **funções** e os dados podem ser movidos de uma função para outra.

Exemplos: PASCAL, C, etc.,

c) Linguagens orientadas a objetos:

O programa é dividido em número de **objetos** . Os dados podem ser acessados apenas pelo objeto especificado.

Exemplos: C++, JAVA etc., linguagens de alto nível são mais fáceis de projetar programas em comparação com linguagem de máquina e linguagem assembly.

2.3 Tradutores

Um **tradutor** é um programa que converte uma determinada linguagem de programação de um tipo para códigos de máquina e vice-versa. O processo de conversão é conhecido como **Compilação** .

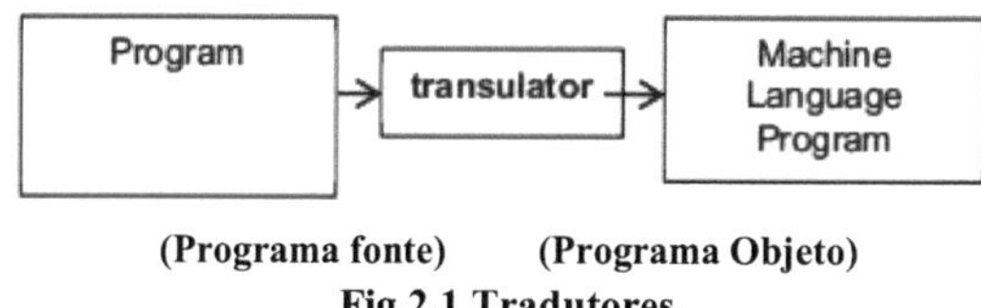

(Programa fonte) (Programa Objeto)

Fig 2.1 Tradutores

2.3.1 Diferentes tipos de tradutores são:

Montador

Compilador

Intérprete

Assembler é um tradutor usado para converter os programas em linguagem assembly em código de máquina e vice-versa.

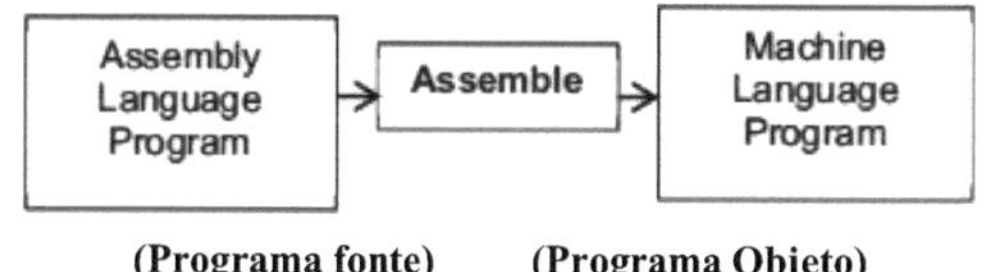

(Programa fonte) (Programa Objeto)

Figura 2.2 Montador

Compilador é um tradutor usado para converter programas de linguagem de alto nível em código de máquina e vice-versa.

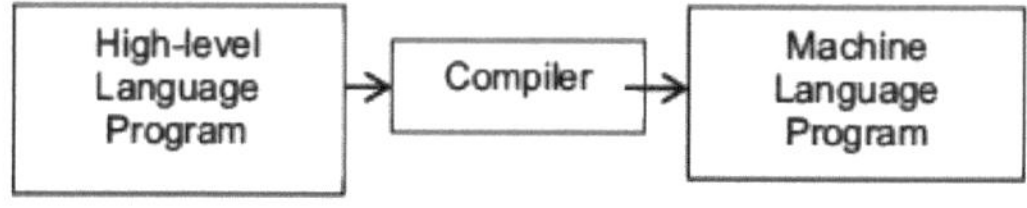

(Programa fonte) (Programa Objeto)

Figura 2.3 Compilador

O intérprete também é usado como tradutor para programas de linguagem de alto nível. Aceita
programa fonte linha por linha e o traduz para linguagem de máquina, que é imediatamente executado.

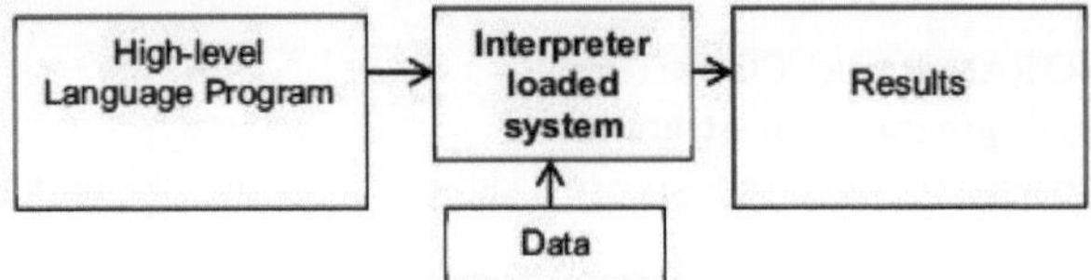

Fig 2.4 Intérprete

2.3.2 Compilador versus intérprete:

- O compilador verifica todo o programa antes de traduzi-lo em código de máquina, enquanto o interpretador traduz e executa o programa linha por linha.
- O compilador converte todo o programa fonte em código de máquina e exibe erros, caso ocorram. Já o interpretador converte linha por linha do programa fonte em código de máquina e exibe erros imediatamente, se ocorrerem.
- O projeto de interpretadores é fácil em comparação com compiladores.
- Os compiladores são mais eficientes que os intérpretes.

2.4 Algoritmos

Um algoritmo é um procedimento **passo a passo** para resolver uma determinada definição do problema.

Algoritmos podem ser representados de diferentes maneiras como:

1. Formulário passo a passo
2. Pseudo-código
3. Fluxograma
4. Diagrama de Nassi-Shneiderman

Na representação em **etapas** , o procedimento para resolver a definição de um problema é declarado por meio de declarações escritas.

O **pseudocódigo** é uma representação escrita do algoritmo que utiliza um vocabulário restrito para definir sua ação de resolver o enunciado do problema.

O fluxograma e o diagrama Nassi-Shneiderman são uma representação orientada graficamente do algoritmo. Utiliza símbolos específicos para representar cada afirmação de forma sistemática.

Em geral, os algoritmos são projetados usando **pseudocódigo** . Pseudocódigo é um código independente de linguagem.

Todos os algoritmos devem satisfazer as seguintes características.

1. **Entrada:** zero ou mais quantidades são fornecidas externamente.
2. **Saída:** Pelo menos uma quantidade deve ser produzida.
3. **Definição** : Cada instrução está em formato claro.
4. **Finitude:** O algoritmo deve terminar após um número finito de etapas se as instruções puderem ser rastreadas.
5. **Eficácia:** Cada instrução deve estar no formato básico.

As regras básicas seguidas ao projetar algoritmos são:

1 .Cada algoritmo será logicamente delimitado por duas instruções START/BEGIN e STOP/END.

2 .Para aceitar dados do usuário, devem ser utilizadas as instruções INPUT/READ.

3 .Para exibir qualquer mensagem do usuário ou o conteúdo de uma variável, será utilizada a instrução PRINT / WRITE. A mensagem será colocada entre aspas.

4 .^ símbolo usado para atribuir um valor à variável.

5 . Os símbolos +, -, * e / são usados para indicar operações aritméticas, como operações de adição, subtração, multiplicação e divisão.

6 . Os símbolos <, >, <, >, = e $■ são usados para comparar os valores dos operandos fornecidos.

7 . **AND, OR, NOT** palavras usadas para operações de conjunção, disjunção e negação.

Exemplo:

Algoritmo para adição de dois valores dados usando representação **em etapas .**

Etapa 1: INICIAR

Etapa 2: leia dois valores de entrada como x e y

Etapa 3: adicione os valores xey e armazene o valor do resultado em z

Etapa 4: imprimir o valor do resultado da adição como z

Etapa 5: PARAR

Exemplo:

Para converter temperatura de Celsius para Fahrenheit

Algoritmo-:

1. Início do programa
2. Declaração de Celsius, Fahrenheit.
3. Insira a temperatura na fórmula de conversão Celsius Fahrenheit Imprimir resultado
4. Fim do programa

Exemplo:

Soma e média de 3 números

Algoritmo:

1. Começar
2. Declare as variáveis num1, num2, num3, soma e média.
3. Solicite ao usuário que insira três números.
4. Leia e armazene os três números em num1, num2 e num3.
5. Calcule a soma adicionando num1, num2 e num3.
6. Calcule a média dividindo a soma por 3,0.
7. Exiba a soma e a média.
8. Fim

2.4.1 Tipos de Algoritmos

Em geral, as etapas de um algoritmo podem ser divididas em três categorias básicas como:

a) Algoritmo de sequência

b) Algoritmo de seleção

c) Algoritmo de iteração

a) Algoritmo de sequência

Um algoritmo de sequência é uma série de etapas em ordem sequencial sem qualquer interrupção. Aqui, as instruções são executadas de cima para baixo sem quaisquer perturbações.

Exemplo: Algoritmo para adição de dois números dados

Etapa 1: INICIAR

Etapa 2: INSIRA dois valores como x, y

Etapa 3: z ← x + y

Etapa 4: IMPRIMIR valor z

Etapa 5: PARAR

b) Algoritmos de seleção

As etapas de um algoritmo são projetadas selecionando a verificação de condição apropriada, chamada de algoritmos de seleção.

Os algoritmos de seleção são projetados usando instruções de controle de seleção, como instruções IF, IF-ELSE, Nested IF-ELSE, ELSE-IF e SWITCH.

Exemplo: Algoritmo para no máximo três números fornecidos

Etapa 1: INICIAR

Etapa 2: INSERIR os valores x, y e z

Etapa 3: SE x> y AND x> z ENTÃO

Máx ←. x

ELSEIF y>z ENTÃO

Máx ←.

OUTRO

Z máx . ←

FIM SE

Etapa 4: IMPRIMIR valor máximo

Etapa 5: PARAR

c) Algoritmos de iteração

As etapas de um algoritmo são projetadas com base em certas condições e processam repetidamente as mesmas instruções até que a condição especificada se torne falsa, são chamadas de algoritmos de iteração.

Os algoritmos de iteração são projetados usando instruções de controle iterativas, como instruções WHILE, D0-WHILE e FOR.

Exemplo: Algoritmo para reverso de um determinado número

Etapa 1: INICIAR

Etapa 2: ENTRADA do valor n

Etapa 3: Rev ← 0

Etapa 4: Repita ENQUANTO n > 0

k ← n MOD 10

Rev ← Rev * 10 + k

n ← n / 10

Fim da repetição

Etapa 5: IMPRIMIR valor Rev

Etapa 6: PARAR

Vantagens e desvantagens do algoritmo

Vantagens

- Fácil de escrever.
- Técnicas legíveis por humanos para entender a lógica.
- Algoritmos para grandes problemas podem ser escritos com esforços moderados.

Desvantagens

- Difícil de depurar.
- Difícil mostrar ramificações e loops.
- Pular (goto) dificulta o rastreamento de alguns problemas.

2.5 Fluxogramas

A representação pictórica / gráfica / esquemática de um algoritmo é chamada de fluxograma.

- Os fluxogramas geralmente são desenhados usando símbolos padrão.
- Um fluxograma compreende um conjunto de caixas de formato padrão que são interligadas por linhas de fluxo.
- As linhas de fluxo possuem **setas** para indicar a direção do fluxo de controle entre as caixas.

Tabela 2.1: Símbolos do fluxograma, seus nomes e finalidade

Nome	Símbolo	Propósito
terminal	oval	Iniciar/parar/início/fim
Entrada / saída	Paralelogramo	Entrada/saída de dados
Processo	Retângulo	Qualquer processamento a ser realizado pode ser representado
Caixa de decisão	Diamante	Operações de decisão que determinam qual dos caminhos alternativos a seguir
Conector	Círculo	Usado para conectar diferentes partes do fluxograma
Fluxo	Setas; flechas	Une 2 símbolos e também representa o fluxo de execução
Processo predefinido	Retângulo de dupla face	Módulos (ou) sub-rotinas especificados em outro lugar
Para símbolo de loop	Hexágono	Mostra inicialização, condição e incriminação da variável de loop.
Documento		Mostra os dados que estão prontos para impressão

		Imprimir		

Regras Gerais para Fluxograma

1. Todas as caixas do fluxograma estão conectadas com setas. (Não linhas)
2. Os símbolos do fluxograma têm um ponto de entrada na parte superior do símbolo, sem outros pontos de entrada. O ponto de saída para todos os símbolos do fluxograma está na parte inferior, exceto para o símbolo de Decisão.
3. O símbolo de Decisão possui dois pontos de saída; estes podem estar nas laterais ou na parte inferior e em um lado.
4. Geralmente, um fluxograma flui de cima para baixo. No entanto, um fluxo ascendente pode ser mostrado desde que não exceda 3 símbolos.
5. Os conectores são usados para conectar quebras no fluxograma.

Exemplos são

- De uma página para outra página.
- Um fluxo ascendente de mais de 3 símbolos

6. As sub-rotinas e os programas de interrupção possuem fluxogramas próprios e independentes.
7. Todos os fluxogramas começam com um símbolo de Terminal ou Processo Predefinido (para programas de interrupção ou sub-rotinas).
8. Todos os fluxogramas terminam com um terminal ou um loop controverso.

Vantagens e desvantagens do fluxograma

Vantagens

- Fácil de desenhar.
- Fácil de entender a lógica.
- Fácil de identificar erros por parte de quem não usa informática.
- Fácil de mostrar ramificações e loops.

Desvantagens

- Demorado.
- Difícil de modificar.
- É muito difícil desenhar um fluxograma para problemas grandes ou complexos.

Exemplo:

converter temperatura de Celsius para Fahrenheit

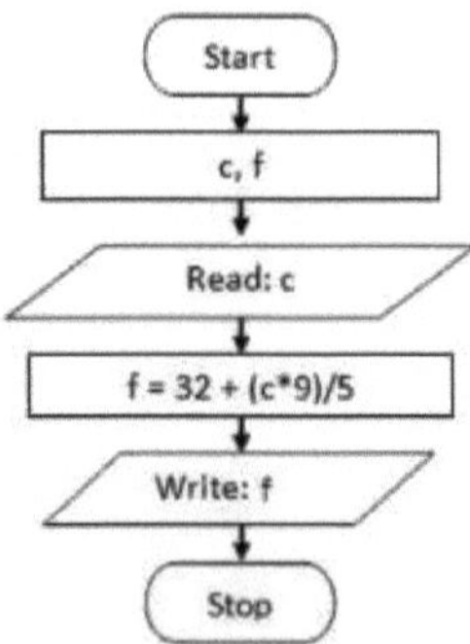

Fig 2.5 Fluxograma para conversão de temperatura de Celsius para Fahrenheit

Exemplo:

fluxogramas para soma e média de 3 números

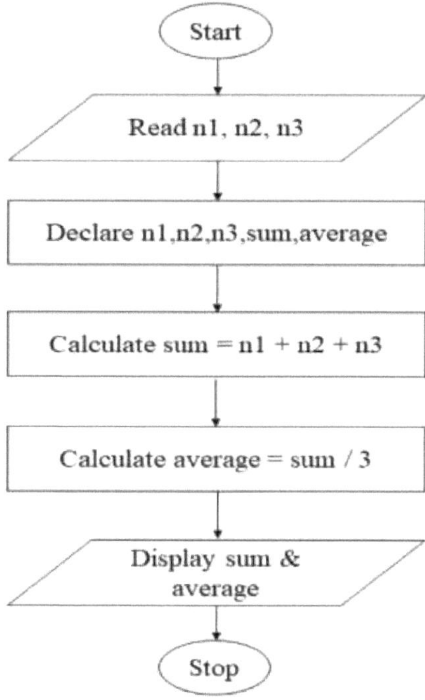

Fig 2.5 Fluxograma para Soma e Média de 3 Números

Tabela 2.2 Diferença entre Fluxograma e Algoritmo

S.Não	Fluxograma	Algoritmo
1	Diagrama de informações bloco a bloco representando o fluxo de dados.	Instruções passo a passo representando o processo de qualquer solução.
2	É uma representação pictórica de um processo.	É uma análise gradual do trabalho a ser realizado.
3	A solução é mostrada em formato gráfico.	A solução é mostrada em um idioma que não é de informática, como o inglês.
4	Fácil de entender em comparação com o algoritmo.	É um pouco difícil de entender.
5	Fácil de mostrar ramificações e loops.	Difícil mostrar ramificações e loops.
6	O fluxograma para um grande problema é impraticável.	O algoritmo pode ser escrito para qualquer problema.
7	Difícil de depurar erros.	Erros fáceis de depurar.
8	É fácil fazer um fluxograma.	É difícil escrever um algoritmo em comparação com um fluxograma.

2.6 Pseudocódigo

Pseudocódigo é um método usado para planejar e representar a lógica de um programa de computador de uma forma informal e legível.

- Não é uma linguagem de programação real, mas serve como uma descrição de alto nível das etapas do algoritmo.

- O pseudocódigo ajuda os programadores a delinear a estrutura e o fluxo de seu código antes de passar para linguagens de programação reais como C.

Características

1. **Linguagem Informal:** O pseudocódigo em C usa linguagem natural, livre de regras de sintaxe rígidas, para fácil compreensão.
2. **Foco na legibilidade:** projetado para facilitar a leitura, simplifica ideias complexas com construções claras e intuitivas.
3. **Abstração de detalhes:** abstrai detalhes de baixo nível, permitindo o foco na lógica algorítmica em vez da sintaxe específica da linguagem.
4. **Fluxo Estruturado:** Segue um fluxo estruturado usando estruturas de controle reconhecíveis como
"if", "else" e loops.
5. **Independência de linguagem:** Não vinculado a uma linguagem específica, garantindo flexibilidade na transição do design para a codificação.
6. **Facilidade de tradução:** traduz facilmente para C ou outras linguagens, facilitando uma transição suave do planejamento à implementação.

Elementos básicos do pseudocódigo em C:

Variáveis:

No pseudocódigo, você pode usar nomes de variáveis sem especificar tipos de dados:

Definir soma como 0

Defina a contagem como 1

Operações:

Use linguagem simples para operações:

Adicione 5 à soma

Multiplique a contagem por 2

Declarações Condicionais:

Represente condições usando "if", "else" e "endif":

Se x for maior que y então

Defina o máximo como x

Outro

Definir máximo para y

Fim se

Rotações:

Descreva os loops de maneira direta:

Para cada elemento da matriz

Adicione o elemento ao total

Fim para

Exemplos:

1. **Soma dos primeiros N números naturais:**

Algoritmo SumOfNaturals(n)

Entrada: n - um número inteiro positivo

Saída: soma - a soma dos primeiros n números naturais

1. Defina a soma como 0.
2. Para cada número i de 1 a n:

a. Adicione i à soma.

3. Retorne o valor da soma.

2. Cálculo fatorial:

Algoritmo Fatorial(num)

Entrada: num - um número inteiro não negativo

Saída: resultado - o fatorial de num

1. Defina o resultado como 1.
2. Para cada número i de 1 a num:

a. Multiplique o resultado por i.

3. Retorne o valor do resultado.

3. Verificando números primos:

Algoritmo IsPrime(num)

Entrada: num - um número inteiro positivo

Saída: primo - verdadeiro se num for primo, falso caso contrário

1. Se num for menor que 2, defina prime como false e saia.
2. Defina primo como verdadeiro.
3. Para cada número i de 2 à raiz quadrada de num:

a. Se num for divisível igualmente por i, defina primo como falso e saia.

4. Retorne o valor de primo.

4. Pesquisa linear em uma matriz:

Algoritmo LinearSearch(arr, alvo)

Entrada: arr - uma matriz de elementos

alvo - o elemento a ser pesquisado

Saída: índice - o índice do destino em arr ou -1 se não for encontrado

1. Defina o índice como -1.
2. Para cada elemento num e seu índice i em arr:

a. Se num for igual a target, defina o índice como i e quebre.

3. Retorne o valor do índice.

Tabela 2.3: Diferença entre Algoritmo e Pseudocódigo

S.Não	Algoritmo	Pseudo-código
1	Um algoritmo é usado para fornecer uma solução para um problema específico na forma de um formato bem definido baseado em etapas.	Um pseudocódigo é uma descrição passo a passo de um algoritmo em estrutura semelhante a um código usando texto simples em inglês.
2	Um algoritmo usa apenas palavras simples em inglês	O pseudocódigo também usa palavras-chave reservadas como if-else, for, while, etc.
3	Estas são uma sequência de etapas de uma solução para um problema	Estes são códigos falsos, pois a palavra pseudo significa falso, usando estrutura semelhante a código e texto simples em inglês
4	Não existem regras para escrever algoritmos	Existem certas regras para escrever pseudocódigo
5	Algoritmos podem ser considerados pseudocódigo	O pseudocódigo não pode ser considerado um algoritmo
6	É difícil entender e interpretar	É fácil de entender e interpretar

Tabela 2.4: Diferença entre Fluxograma e Pseudocódigo

S.Não	Fluxograma	Pseudo-código
1	Um fluxograma é uma representação pictórica do fluxo de um algoritmo.	Um pseudocódigo é uma descrição passo a passo de um algoritmo em estrutura semelhante a um código usando texto simples em inglês.
2	Um fluxograma usa símbolos padrão para decisões de entrada, saída e instruções de início e parada. Usa apenas formas diferentes como caixa, círculo e seta.	O pseudocódigo usa palavras-chave reservadas como if-else, for, while, etc.
3	Esta é uma forma de representar os dados visualmente, nada mais são do que a representação gráfica do algoritmo para uma melhor compreensão do código	Estes são códigos falsos, pois a palavra pseudo significa falso, usando estrutura semelhante a código, mas texto simples em inglês em vez de linguagem de programação
4	Fluxogramas são bons para documentação	O pseudocódigo é mais adequado para fins de compreensão

2.7 Compilação

O processo de conversão do programa fonte de uma linguagem para linguagem de máquina é chamado de processo de compilação.

Erros de digitação e sintaxe são encontrados no momento do processo de compilação.

Exemplo:

Na linguagem C, o programa acima é compilado pressionando

Teclas **F9 (ou) Alt F9**

2.8 Execução do Programa

Nesta fase podem surgir dois tipos de problemas

como

Erros de tempo de execução e erros lógicos.

Erros de tempo de execução :

Esses erros podem ocorrer durante a execução dos programas, mesmo que o programa seja compilado com êxito. Os tipos mais comuns de erros de tempo de execução são:

Exemplo: Divisão por Zero,

Matriz fora dos limites etc.,

Erros lógicos :

Esses erros podem ocorrer devido ao uso incorreto das instruções do programa.

Estes erros não são detectados durante a compilação ou execução nem causam qualquer interrupção na execução do programa.

Exemplo:

Na linguagem C, o programa acima é executado pressionando

teclas **ctrl F9**

2.9 Constantes

Constantes em C são valores fixos que permanecem inalterados durante a execução do programa, contribuindo para a estabilidade do programa.

Tipos de constantes

Existem vários tipos de constantes em C. Ele tem duas categorias principais: constantes primárias e secundárias. Constantes de caracteres, constantes reais e constantes inteiras, etc., são tipos de constantes primárias. Estrutura, array, ponteiro, união, etc., são tipos de constantes secundárias.

Tabela 2.5 Tipos de Constantes em C

S.Não	**Tipo de constantes**	**Tipo de dados**	**Exemplo de tipo de dados**
1	Constantes inteiras	interno	23, 738, -1278, etc.
		int não assinado	2.000u, 5.000U, etc.
		longo interno, longo longo interno	325.647 1.245.473.940
2	Constantes de ponto flutuante ou reais	flutuador	20.987654
		dobro	500.987654321
3	Constante octal	interno	Exemplo: 013 /*começa com 0 */
4	Constante hexadecimal	interno	Exemplo: 0x90 /*começa com 0x*/
5	constantes de caracteres	Caracteres	Exemplo: 'X', 'Y', 'Z'
6	constantes de string	Caracteres	Exemplo: "PQRS", "ABCD"

i. Constantes inteiras

O número pode ser representado como um número octal, decimal ou mesmo hexadecimal. Um valor inteiro octal é prefixado com "o" e um valor inteiro decimal é especificado como um valor inteiro direto. Além disso, simplesmente prefixe os valores inteiros em hexadecimal com "0x".

A constante inteira de um programa também pode ser do tipo longo ou sem sinal. Quando um valor constante não tem sinal, coloque-o no sufixo "u" e, quando for um número inteiro grande, coloque-o no sufixo "l". Além disso, o valor constante inteiro longo sem sinal tem o sufixo "ul".Exemplos:

55 -> Constante Inteira Decimal

0x5B -> Constante Inteira Hexa Decimal

O23 -> Constante Inteira Octal

68ul -> Constante inteira longa não assinada

50l -> Constante Inteira Longa

30u -> Constante inteira não assinada

ii. Constantes de ponto flutuante/constantes reais

Este tipo de constante deve conter tanto as partes decimais quanto os inteiros. Às vezes, a constante de ponto flutuante também pode conter a parte exponencial. Nesse caso, quando a constante de ponto flutuante é representada na forma exponencial, seu valor deve ser sufixado com 'E' ou 'e'.

Exemplo:

A forma expoente do valor de ponto flutuante 3,14 é representada como 3E-14.

iii. Constantes de caracteres

As constantes de caracteres são símbolos colocados entre aspas simples. O comprimento máximo de uma citação de caracteres é de apenas um caractere.

Exemplo: 'B', '5', '+'

Existem algumas constantes de caracteres predefinidas na linguagem de programação C, conhecidas como sequências de escape. Cada sequência de escape consiste em uma funcionalidade especial própria e cada uma dessas sequências é prefixada com um símbolo '/'. Essas sequências de escape são empregadas nas funções de saída "printf()".

Tabela 2.6 Caracteres de barra invertida

S.Não	Significado do personagem	Caractere de barra invertida
1	Retrocesso	\b
2	Nova linha	\n
3	Feed de formulário	\f
4	Guia Horizontal	\t
5	Retorno de transporte	\r
6	Citação única	\'
7	Citação dupla	\"
8	Guia Vertical	\v
9	Barra invertida	\\
10	Ponto de interrogação	\?
11	Alerta ou campainha	\a
12	Constante hexadecimal (aqui, N - hex.dcml cnst)	\XN
13	Constante octal (aqui, N é uma constante octal)	\N

iv. Constantes de string

As constantes de string são uma coleção de vários símbolos especiais, dígitos, caracteres e sequências de escape que ficam entre aspas duplas.

A definição de uma constante string ocorre em uma única linha: "This is Cookie"

Regras de construção de constantes em C

Constantes inteiras

- Deve ter pelo menos um dígito.
- Não deve haver ponto decimal.
- Não permite espaços em branco ou vírgulas.
- Uma constante inteira pode ser negativa ou positiva.
- No caso em que uma constante inteira não possui sinal na frente, ela é considerada positiva.
- O intervalo permitido para este tipo de constante é de -32.768 a 32.767.

Constantes reais

- Este tipo de constante deve consistir em pelo menos um dígito.
- Não deve haver nenhuma vírgula.
- Este tipo de constante pode ser negativa ou positiva.
- Não permite espaços em branco ou vírgulas.
- Se uma constante inteira não tiver sinal na frente dela, considere-a positiva.

Constantes de string e caractere

- Esse tipo de constante pode ser um único dígito, um único alfabeto ou até mesmo um único símbolo especial que fica entre aspas simples.
- As constantes de string são colocadas entre aspas duplas.
- O comprimento máximo deste tipo de constante é um único caractere.

Constantes de caracteres de barra invertida

- Estes são alguns tipos de caracteres que possuem um tipo especial de significado na linguagem C.
- Esses tipos de constantes devem ser precedidos por um símbolo de barra invertida para que o programa possa utilizar a função especial nelas.
- Aqui está uma lista de todos os caracteres especiais usados na linguagem C e sua finalidade:

Declaração de Constantes C:

eu. Usando a palavra-chave 'const'.

ii. Usando o pré-processador '#define'

i. Uso da palavra-chave 'const':

A palavra-chave 'const' é usada para criar uma constante de qualquer tipo de dados em um programa.

A palavra-chave "const" deve vir antes da declaração da variável para criar uma constante.

Sintaxe: const tipo de dados nomeconstante = valor;

OU

tipo de dados const nomeConstante;

Exemplo de programa:

```
#include<stdio.h>
#include<conio.h>
void principal(){
int q = 9;
const int a = 10;
q = 15;
uma = 100; // cria um erro printf("q = %d\na = %d", q, a ) ;
}
```

Saída:

O programa fornecido acima cria um erro. Uma tentativa de alterar o valor da variável constante (a = 100) é a razão por trás disso.

ii. Uso do pré-processador '#define'

As constantes também podem ser criadas com a ajuda da diretiva de pré-processador "#define". Além disso, é necessário definir a diretiva do pré-processador logo no início do programa para utilizá-la na construção das constantes. A razão para isto é que todas as diretivas do pré-processador precisam ser escritas antes da declaração global.

Sintaxe: #define valor CONSTANTNAME

Exemplo de programa:

```
#include<stdio.h>
#define PI 3.14
vazio principal()
{
int uma,área;
printf("Insira o raio do círculo fornecido aqui:");
scanf("%d",&a);
área = PI*(a*a);
printf("A área do círculo é = %d",area);
}
```

Saída:

Insira o raio do círculo fornecido aqui: 15

A área do círculo é = 706

2.10 Tipos de dados

Um tipo de dados especifica o tipo de dados que uma variável pode armazenar, como inteiro, flutuante, caractere, etc.

Tipos:

As cinco categorias principais de tipos de dados são as seguintes:

Tabela 2.7 Tipos de dados

S.Não	Tipo de dados	Exemplo de tipo de dados
1	Tipo de dados básico	Ponto flutuante, inteiro, duplo, caractere.
2	Tipo de dados derivado	União, estrutura, array, etc.
3	Tipo de dados enumerados	Enums
4	Tipo de dados nulo	Valor vazio
5	Tipo booleano	Verdadeiro ou falso

Tipos de dados primitivos/básicos/integrados:

Os tipos de dados primitivos são os tipos de dados mais básicos usados para representar valores simples, como inteiros, flutuantes, caracteres, etc.

Tabela 2.8 Palavras-chave usadas tipo de dados primitivos

S.Não	Palavra-chave usada	Tipo de dados
1	interno	Inteiro
2	flutuador	Ponto flutuante
3	vazio	Vazio
4	Caracteres	Personagem
5	dobro	Dobro

1. **Inteiro -** São usados para armazenar diferentes números inteiros, como 5, 8, 67, 2390 e assim por diante.
2. **Caractere -** Abrange todos os conjuntos de caracteres ASCII, além de alfabetos únicos como "x", "Y" e assim por diante.
3. **Duplo -** Inclui todos os tipos grandes de valores numéricos que não se enquadram no tipo de dados de ponto flutuante ou no tipo de dados inteiro.
4. **Ponto flutuante -** Referem-se a todos os valores de números reais ou pontos decimais, como 40,1, 820,673, 5,9, etc.
5. **Vazio -** Não há valores associados a esta palavra. Este tipo de dados é usado principalmente ao definir funções de programa.

Tabela 2.9 Faixa de Valores do Tipo de Dados

Tipo de dados	Formatar Especificador	Alcance Mínimo	Típica Tamanho dos bits
caracter não identifcado	%c	0 a 255	8

Caracteres	%c	-127 a 127	8
caractere assinado	%c	-127 a 127	8
interno	%d, %i	-32.767 a 32.767	16 ou 32
int não assinado	%você	0 a 65.535	16 ou 32
assinado int	%d, %i	O mesmo que int	O mesmo que int 16 ou 32
curto int	%hd	-32.767 a 32.767	16
int curto não assinado	%hu	0 a 65.535	16
assinado curto int	%hd	O mesmo que int curto	16
longo interno	%ld, %li	-2.147.483.647 a 2.147.483.647	32
muito longo int	%lld, %lli	-(263 - 1) a 263 - 1 (Será adicionado pelo Padrão C99)	64
assinado longo int	%ld, %li	O mesmo que long int	32
não assinado longo int	%Lu	0 a 4.294.967.295	32
não assinado longo longo int	%llu	264 - 1 (Será adicionado pelo padrão C99)	64
flutuador	%f	1E-37 a 1E+37 junto com seis dígitos das precisões aqui	32
dobro	%se	1E-37 a 1E+37 junto com seis dígitos das precisões aqui	64
longo duplo	%Lf	1E-37 a 1E+37 junto com seis dígitos das precisões aqui	80

2.11 Operadores

Um operador é um símbolo que informa ao compilador para executar funções matemáticas ou lógicas específicas. A linguagem C é rica em operadores integrados e fornece os seguintes tipos de operadores

1. Operadores aritméticos
2. Operadores Relacionais
3. Operadores lógicos
4. Operadores bit a bit
5. Operadores de Atribuição
6. Operadores diversos

1. Operadores aritméticos

Operadores aritméticos são usados para realizar operações matemáticas em valores numéricos.

- + (Adição): Adiciona dois operandos.
- - (Subtração): Subtrai o operando direito do operando esquerdo.
- * (Multiplicação): Multiplica dois operandos.

- / (Divisão): Divide o operando esquerdo pelo operando direito.
- % (Módulo): Retorna o resto após a divisão do operando esquerdo pelo operando direito.

Exemplo:

```
#include <stdio.h>
int principal()
{
int a = 10, b = 3, resultado;
resultado = a + b;
printf("Adição: %d\n", resultado);
resultado = a - b;
printf("Subtração: %d\n", resultado);
resultado=a*b;
printf("Multiplicação: %d\n", resultado);
resultado=a/b;
printf("Divisão: %d\n", resultado);
resultado = a% b;
printf("Módulo: %d\n", resultado);
retornar 0;
}
```

Saída:

Adição: 13

Subtração: 7

Multiplicação: 30

Divisão: 3

Módulo: 1

2. Operadores Relacionais

Operadores relacionais são usados para comparar valores e determinar a relação entre eles.

- == (Igual a): Verifica se dois operandos são iguais.
- != (Diferente de): Verifica se dois operandos não são iguais.
- > (Maior que): Verifica se o operando esquerdo é maior que o operando direito.
- < (Menor que): Verifica se o operando esquerdo é menor que o operando direito.
- >= (Maior ou igual a): Verifica se o operando esquerdo é maior ou igual ao operando direito.
- <= (Menor ou igual a): Verifica se o operando esquerdo é menor ou igual ao operando direito.

Exemplo:

```
#include <stdio.h>
int principal()
{
int x = 5, y = 10;
se (x == y)
{
printf("x é igual a y\n");
}
senão se (x! = y)
{
```

```
printf("x não é igual a y\n");
}
senão se (x > y)
{
printf("x é maior que y\n");
}
outro
{
printf("x é menor que y\n");
}
retornar 0;
}
```

Saída:

x não é igual a y

3. Operadores lógicos

Operadores lógicos são usados para realizar operações lógicas em valores booleanos (verdadeiro ou falso).

- **&&** (AND lógico): Retorna verdadeiro se ambos os operandos forem verdadeiros.
- || (OR lógico): Retorna verdadeiro se pelo menos um operando for verdadeiro.
- ! (NÃO Lógico): Retorna verdadeiro se o operando for falso e falso se o operando for verdadeiro.

Exemplo:

```
#include <stdio.h>
int principal()
{
                                        int p = 1, q = 0;
se (p && q)
{
                                printf("P e q são verdadeiros\n");
}
senão se (p || q)
{
printf("P ou q é verdadeiro\n");
}
senão se (!p)
{
printf("p é falso\n");
}
                                          retornar 0;
}
```

Saída:

4. Operadores de Atribuição

Operadores de atribuição são usados para atribuir valores a variáveis.

- = (Atribuição): Atribui o valor do operando direito ao operando esquerdo.
- += (Adicionar e atribuir): Adiciona o operando direito ao operando esquerdo e atribui o resultado ao operando esquerdo.

- -= (Subtrair e atribuir): Subtrai o operando direito do operando esquerdo e atribui o resultado ao operando esquerdo.
- *= (Multiplicar e atribuir): Multiplica o operando esquerdo pelo operando direito e atribui o resultado ao operando esquerdo.
- /= (Dividir e atribuir): Divide o operando esquerdo pelo operando direito e atribui o resultado ao operando esquerdo.
- %= (Módulo e atribuição): Calcula o módulo do operando esquerdo pelo operando direito e atribui o resultado ao operando esquerdo.

Exemplo:

```
#include <stdio.h>
int principal()
{
int num = 10;
num += 5;
printf("Depois +=: %d\n", num);
num -= 3;
printf("Depois -=: %d\n", num);
num*= 2;
printf("Depois *=: %d\n", num);
num /= 4;
printf("Depois /=: %d\n", num);
num %= 3;
printf("Depois de %%=: %d\n", num);
retornar 0;
}
```

Saída:

```
Depois de +=: 15
Depois de -=: 12
Depois de *=: 24
Depois de /=: 6
Depois de %=: 0
```

5. Operadores de incremento e decremento:

Operadores de incremento e decremento são usados para aumentar ou diminuir o valor de uma variável em 1.

- ++ (Incremento): Aumenta o valor do operando em 1.
- -- (Decrementar): Diminui o valor do operando em 1.

Exemplo :

```
#include <stdio.h>
int principal()
{
contagem interna = 5;
contar++;
printf("Após incremento: %d\n", contagem);
contar--;
printf("Após decremento: %d\n", contagem);
retornar 0;
```

```
}
```

Saída:

Após incremento: 6

Após decremento: 5

6. **Operadores bit a bit:**

Os operadores bit a bit realizam operações no nível de bit.

- & (E bit a bit): Executa uma operação AND bit a bit.
- | (OR bit a bit): Executa uma operação OR bit a bit.
- [eu] (XOR bit a bit): Executa uma operação OR exclusiva bit a bit.
- ~ (NÃO bit a bit): Inverte os bits do operando.
- << (Deslocamento para a esquerda): Desloca os bits do operando esquerdo para a esquerda em um número especificado de posições.
- >> (Deslocamento para a direita): Desloca os bits do operando esquerdo para a direita em um número especificado de posições.

Exemplo :

```
#include <stdio.h>
int principal()
{
int a = 5, b = 3, resultado;
resultado = a & b;
printf("E bit a bit: %d\n", resultado);
resultado = uma | b;
printf("OU bit a bit: %d\n", resultado);
resultado = a [1] b;
printf("XOR bit a bit: %d\n", resultado);
resultado = ~a;
printf("NÃO bit a bit: %d\n", resultado);
resultado = a << 1;
printf("Deslocamento para a esquerda: %d\n", resultado);
resultado = a >> 1;
printf("Deslocamento para a direita: %d\n", resultado);
retornar 0;
}
```

Saída:

E bit a bit: 1

OU bit a bit: 7

XOR bit a bit: 6

NÃO bit a bit: -6

Deslocamento Esquerdo: 10

Deslocamento para a direita: 2

2.12 Precedência de Operadores

A precedência do operador determina o agrupamento de termos em uma expressão e decide como uma expressão é avaliada. Certos operadores têm maior precedência do que outros. exemplo, x = 7 + 3 * 2; aqui, x é atribuído 13, não 20 porque o operador * tem uma precedência maior que +, então primeiro ele é multiplicado por 3*2 e depois somado em 7

Tabela 2.10 Precedência de Operadores

Categoria	Operador	Associatividade
Pós-fixo	() [] -> . ++ - -	Da esquerda para direita
Unário	+ - ! ~ ++ - - (tipo)* & tamanho de	Direita para esquerda
Multiplicativo	* / %	Da esquerda para direita
Aditivo	+ -	Da esquerda para direita
Mudança	<< >>	Da esquerda para direita
Relacional	< <= > >=	Da esquerda para direita
Igualdade	== !=	Da esquerda para direita
E bit a bit	&	Da esquerda para direita
XOR bit a bit	eu	Da esquerda para direita
OU bit a bit	EU	Da esquerda para direita
Lógico E	&&	Da esquerda para direita
OU lógico	II	Da esquerda para direita
Condicional	?:	Direita para esquerda
Atribuição	= += -= *= /= %=>>= <<= &= л= |=	Direita para esquerda
Vírgula	,	Da esquerda para direita

Exemplo:

```
#include <stdio.h>
int principal()
{
intuma = 20;
interno b = 10;
interno c = 15;
int d = 5;
interno;
e=(a+b)*c/d; // ( 30 * 15 ) / 5 printf("Valor de (a + b) * c / d é: %d\n", e ); e=((a+b)*c)/d; //
(30 * 15 ) / 5 printf("Valor de ((a + b) * c) / d é: %d\n" , e ); e = (a + b) * (c/d); // (30) * (15/5)
printf("O valor de (a + b) * (c / d) é: %d\n", e ); e=a+(b*c)/d; // 20 + (150/5) printf("O valor
```

```
de a + (b * c) / d é: %d\n" , e ); retornar 0;
}
```
Saída:

O valor de (a + b) * c / d é: 90

O valor de ((a + b) * c) / d é: 90

O valor de (a + b) * (c / d) é: 90

O valor de a + (b * c) / d é: 50

2.13 Operações básicas de entrada e saída em linguagem c

As operações básicas de entrada e saída são executadas usando as funções padrão da biblioteca de entrada/saída fornecidas por stdio.h.

Aqui estão algumas das funções essenciais para entrada e saída:

1. **Função printf (saída)**

• A função printf é usada para imprimir a saída formatada na saída padrão (geralmente o console). Ele permite exibir texto, variáveis e outros dados.

Exemplo:

```
#include <stdio.h> int main()
{
número interno = 42;
printf("O valor do número é %d\n", número);
retornar 0;
}
```
Saída:

O valor do número é 42

2. **Função scanf (entrada)**

• A função scanf é usada para ler a entrada da entrada padrão (geralmente o teclado). Pode ser usado para ler valores em variáveis com base em especificadores de formato especificados.

Exemplo:

```
#include <stdio.h>
int principal()
{
número interno;
printf("Digite um número inteiro: ");
scanf("%d", &num);
printf("Você digitou: %d\n", num);
retornar 0;
}
```
Saída:

Insira um número inteiro: 42

Você digitou: 42

3. **Funções getchar e putchar (entrada e saída)**

• **getchar** lê um único caractere da entrada padrão e **putchar** gera um único caractere para a saída padrão.

Exemplo:

```
#include <stdio.h>
int principal()
{
```

char;
printf("Digite um caractere: ");
ch = getchar(); // Lê um caractere putchar(ch); // Exibe o caractere return 0;
}

Saída:

Digite um caractere: A
A

2.14 Conversão de tipo e fundição

A conversão de tipo refere-se ao processo de alteração do tipo de dados de uma variável ou valor de um tipo para outro.

Existem dois tipos principais de conversão de tipo:
conversão implícita de tipo e conversão explícita de tipo, também conhecida como conversão de tipo.

1. **Conversão de tipo implícita**

A conversão implícita de tipo, ou coerção, é executada automaticamente pelo compilador ao atribuir um valor de um tipo de dados a uma variável de outro tipo de dados. Essa conversão ocorre quando não há perda de informação ou precisão. Por exemplo, atribuir um número inteiro a um float é uma conversão implícita de tipo porque não resulta em perda de informações.

Exemplo:

```
#include <stdio.h>
int principal()
{
int intValor = 42;
float floatValue = intValue; // Conversão implícita de int para float printf("Integer Value:
%d\n", intValue);
printf("Valor flutuante: %f\n", floatValue);
retornar 0;
}
```

Saída:

Valor inteiro: 42
Valor flutuante: 42.000000

2. **Conversão de tipo explícita (conversão de tipo)**

A conversão explícita de tipo, também conhecida como conversão de tipo, é feita manualmente pelo programador usando operadores de conversão. Isso é necessário quando existe a possibilidade de perda de informação ou precisão durante a conversão. Envolve a especificação do tipo de dados de destino entre parênteses antes do valor ou variável a ser convertida.

Usando a sintaxe **(tipo)** :

Exemplo:

```
#include <stdio.h>
int principal()
{
duplo duploValor = 3,14;
int intValue = (int)doubleValue; // Conversão explícita de double para int printf("Double
Value: %lf\n", doubleValue);
printf("Valor inteiro: %d\n", intValue);
```

retornar 0;
}

Saída:

Valor duplo: 3,140000

Valor inteiro: 3

Banco de perguntas
com 2 pontos em perguntas

1. Defina programação.
2. Forneça um exemplo de algoritmo simples e descreva suas etapas.
3. Descreva a função de um compilador na programação.
4. Defina um fluxograma e explique sua finalidade na visualização da lógica do programa.
5. Defina pseudocódigo e explique como ele ajuda no projeto de algoritmos.
6. Explique o processo de compilação na programação.
7. Defina tipos de dados primitivos em programação.
8. Diferencie entre variáveis e constantes.
9. Discuta o conceito de operações em programação.
10. Explique a necessidade de conversão de tipo na programação.

10 pontos em perguntas

1. Liste duas linguagens de programação e descreva brevemente suas características.
2. Defina algoritmos e forneça três exemplos.
3. Demonstre a criação de um fluxograma usando a ferramenta Dia para um algoritmo específico.
4. Discuta as vantagens de usar pseudocódigo como ferramenta de programação.
5. Discuta as diferenças entre os tipos de dados inteiros, de ponto flutuante e de caracteres.
6. Discuta como variáveis e constantes contribuem para a flexibilidade e legibilidade do código.
7. Discuta a importância dessas operações na resolução de problemas computacionais.
8. Discuta a necessidade da conversão de tipos e elabore a conversão como um método para conversão explícita de tipos.

Perguntas objetivas

9. Qual é o papel das linguagens de programação na computação? [c]

A) Melhorando o desempenho do hardware B) Traduzindo código para linguagem natural
C) Instruir computadores para executar tarefas D) Projetar interfaces gráficas

10. Qual é o objetivo principal de um algoritmo em programação? [c]

A) Design de código estético B) Processo de depuração
C) Solução de problemas D) Configuração de hardware

11. Para que serve a ferramenta Dia comumente usada na programação? [b]

A) Criptografia de dados B) Criação de fluxogramas
C) Código de depuração D) Configuração de rede

12. Na programação, para que serve o pseudocódigo? [b]

A) Uma linguagem compilada B) Um substituto para o código real
C) Uma ferramenta de depuração D) Um tipo de estrutura de dados

13. Qual é o propósito da compilação na programação? [b]

A) Execução direta de código B) Otimizando o desempenho do programa
C) Gerando código-fonte D) Criando código legível por humanos

14. Qual das alternativas a seguir é um tipo de dados primitivo em programação? [c]

A) Matriz B) Classe

C) Inteiro D) Lista vinculada

15. Qual é a principal diferença entre uma variável e uma constante na programação? [a] A) Constantes não podem ser modificadas, enquanto variáveis podem.

16. As variáveis têm valores fixos, enquanto as constantes mudam durante a execução.

17. Variáveis são usadas para operações matemáticas, enquanto constantes armazenam texto.

18. Constantes são exclusivas da programação orientada a objetos.

19. Qual é o propósito das operações de entrada e saída na programação? [b]

A) Melhorar a legibilidade do código B) Melhorar a experiência do usuário

C) Facilitando o armazenamento de dados D) Exibindo mensagens de erro

20. Qual das alternativas a seguir é uma operação lógica em programação? [c]

A) Adição B) Divisão

C) E D) Exponenciação

21. Qual é o papel do casting na programação? [a]

A) Convertendo dados para um tipo diferente B) Criptografando o código-fonte

C) Criação de interfaces gráficas de usuário D) Algoritmos de depuração

Capítulo 3

TÉCNICAS DE RESOLUÇÃO DE PROBLEMAS E ESTRATÉGIAS DE RESOLUÇÃO DE PROBLEMAS

As técnicas de resolução de problemas são abordagens sistemáticas para enfrentar desafios e conceber soluções. Eles abrangem a compreensão do problema, dividindo-o em etapas gerenciáveis, selecionando estratégias adequadas, implementando-as de forma eficaz, testando soluções e refinando conforme necessário. Essas técnicas são essenciais em todas as disciplinas, promovendo o pensamento crítico e a adaptabilidade. Seja empregando algoritmos, heurísticas ou brainstorming criativo, dominar técnicas de resolução de problemas é fundamental para o sucesso em diversos cenários.

3.1 Abordagem algorítmica

A abordagem algorítmica em técnicas de resolução de problemas envolve etapas sistemáticas para projetar e implementar algoritmos eficientes para resolver um determinado problema.

1. **Compreendendo o problema:**

• Comece por compreender completamente a definição do problema, incluindo entradas, resultados e restrições.

2. **Projeto de algoritmo:**

• Divida o problema em etapas menores e projete uma solução algorítmica usando estruturas de controle e estruturas de dados.

3. **Pseudo-código:**

• Expressar o algoritmo projetado em pseudocódigo, fornecendo uma representação de alto nível da solução.

4. **Codificação no idioma escolhido:**

• Traduzir o pseudocódigo em código usando uma linguagem de programação como C, respeitando sintaxe e convenções.

5. **Teste e depuração:**

• Teste o código com diversas entradas para garantir a funcionalidade correta e depurar erros ou comportamentos inesperados.

6. **Otimização:**

• Analise a complexidade de tempo e espaço, otimizando o código para eficiência por meio de melhorias ou abordagens alternativas.

7. **Documentação:**

• Documente o código de forma abrangente, incluindo comentários explicando seções complexas e fornecendo insights sobre a complexidade de tempo e espaço.

8. **Capacidade de manutenção:**

• Escreva código modular e de fácil manutenção para futuras atualizações ou modificações, garantindo adaptabilidade.

9. **Refinamento:**

• Refine o algoritmo e o código com base nos resultados dos testes, no feedback do usuário ou na evolução dos requisitos.

10. **Aprendizado contínuo:**

• Aprenda com o processo de resolução de problemas, reúna insights e aplique conhecimentos recém-adquiridos para melhorar futuras abordagens de resolução de problemas.

3.2 Características do Algoritmo

1. **Entrada e saída:**

• Os algoritmos recebem entradas, executam uma série de etapas bem definidas e produzem saídas, resolvendo um problema específico.

2. **Finitude:**

• Os algoritmos devem ter um número finito de passos; eles deveriam eventualmente terminar após um número finito de execuções.

3. **Definitividade:**

• Cada etapa do algoritmo deve ser definida de forma precisa e inequívoca, não deixando espaço para interpretação.

4. **Correção:**

• Um algoritmo deve produzir saídas corretas para todas as entradas válidas, resolvendo efetivamente o problema pretendido.

5. **Viabilidade:**

• Os algoritmos devem ser práticos e viáveis, considerando restrições de tempo e recursos para execução.

6. **Eficácia:**

• Os algoritmos devem utilizar uma abordagem clara e eficaz, evitando complexidade desnecessária ou redundância nas suas etapas.

7. **Generalidade:**

• Idealmente, os algoritmos deveriam ser aplicáveis a uma série de instâncias de um determinado problema, e não apenas a um caso específico.

8. **Modularidade:**

• Os algoritmos podem ser projetados com estruturas modulares, permitindo fácil compreensão, manutenção e reutilização.

9. **Terminação:**

• Todos os algoritmos devem terminar dentro de um prazo razoável, garantindo praticidade e evitando loops infinitos.

10. **Otimização:**

• Um algoritmo ideal resolve um problema com eficiência, minimizando o uso de recursos e o tempo de execução dentro das restrições determinadas.

3.3 Estratégias de resolução de problemas

As estratégias de resolução de problemas são abordagens sistemáticas para enfrentar desafios e encontrar soluções eficazes. Eles envolvem a resolução de problemas, o emprego do raciocínio lógico e a utilização da criatividade. Essas estratégias abrangem a compreensão do problema, a elaboração de um plano, sua implementação sistemática, testes e refinamento. A resolução de problemas é uma competência essencial em vários domínios, fomentando o pensamento crítico e a melhoria contínua. A adoção de diversas estratégias, como o pensamento algorítmico ou a heurística, aumenta a capacidade de abordar uma ampla gama de questões complexas.

3.3.1 Abordagem de cima para baixo

O design de cima para baixo significa dividir repetidamente um problema em subproblemas (menores), até que sejam diretamente solucionáveis.

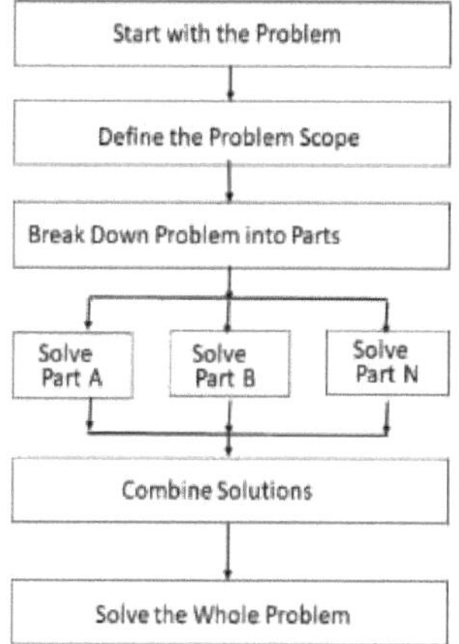

Fig 3.1 Abordagem de cima para baixo

Procedimento de abordagem de cima para baixo:

1. Comece com o problema inicial.
2. Defina o escopo do problema para entender seus limites e requisitos.
3. Divida o problema em partes ou subproblemas menores e mais gerenciáveis.
4. Resolva cada parte ou subproblema separadamente.
5. Combine as soluções das partes individuais.
6. Finalmente, resolva todo o problema integrando as soluções combinadas.

Vantagens da abordagem de cima para baixo:

1. **Clareza:** Fornece uma estrutura clara e organizada para lidar com tarefas complexas.
2. **Eficiência:** Garante que os elementos essenciais sejam abordados precocemente, otimizando a alocação de recursos.
3. **Alocação de Recursos:** Permite a alocação eficiente de recursos para componentes-chave.
4. **Tomada de decisão antecipada:** As principais decisões de projeto e arquitetura podem ser tomadas antecipadamente, reduzindo a probabilidade de alterações dispendiosas posteriormente.
5. **Comunicação:** Facilita a comunicação eficaz entre os membros da equipe e as partes interessadas, apresentando uma visão geral de alto nível.

3.3.2 Abordagem de baixo para cima

A abordagem bottom-up é um método de solução de problemas ou projeto que começa com os componentes individuais e menores de um sistema, problema ou projeto e gradualmente os reúne em um conjunto.

larger, more comprehensive whole.

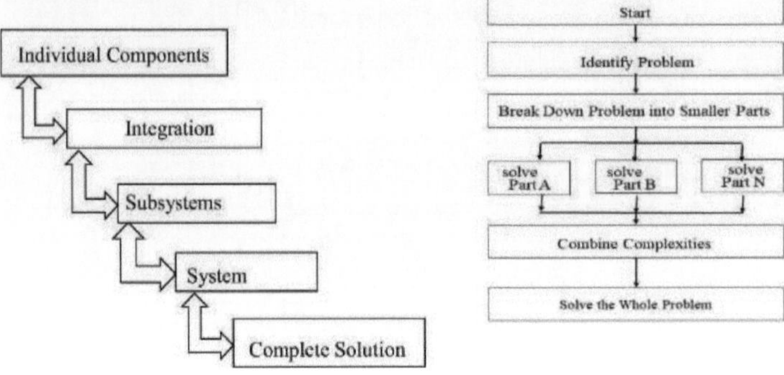

Fig 3.2 Procedimento de abordagem de baixo para cima

Procedimento de abordagem ascendente:

1. Comece com a identificação do problema.
2. Divida o problema em partes ou subproblemas menores e mais gerenciáveis.
3. Resolva cada parte ou subproblema separadamente.
4. Combine as soluções das partes individuais.
5. Finalmente, resolva todo o problema integrando as soluções combinadas.

Vantagens da abordagem de baixo para cima:

1. **Análise Focada em Detalhes:** A abordagem bottom-up permite uma análise detalhada de componentes específicos, levando a um entendimento completo.
2. **Flexibilidade e Adaptação:** Promove flexibilidade e adaptação à medida que surgem insights, permitindo respostas eficazes a situações em evolução.
3. **Colaboração em equipe capacitada:** capacitar subequipes para abordar elementos específicos promove a colaboração e a especialização.
4. **Precisão na identificação de problemas:** começar com detalhes aumenta a precisão na identificação e abordagem de questões específicas dentro do problema.

3.3.3 Complexidades temporais de algoritmos

A complexidade do tempo é um conceito crítico na análise de algoritmos que quantifica a quantidade de tempo que leva para um algoritmo ser executado em função do tamanho de sua entrada.

A complexidade do tempo é geralmente expressa usando a notação O grande.

As complexidades de tempo comuns incluem:

1. **O(1) (Tempo Constante):** O tempo de execução do algoritmo permanece constante, independentemente do tamanho da entrada. Esta é a complexidade de tempo mais eficiente.
2. **O (log n) (tempo logarítmico):** O tempo de execução aumenta lentamente à medida que o tamanho da entrada aumenta. Comum em pesquisa binária e estruturas de dados eficientes, como árvores balanceadas.
3. **O(n) (Tempo Linear):** O tempo de execução aumenta linearmente com o tamanho da entrada. Isso é típico de algoritmos que processam cada elemento nos dados de entrada exatamente uma vez.
4. **O(n log n) (Tempo Linearítmico):** O tempo de execução cresce um pouco mais rápido que o tempo linear. Isso geralmente é visto em algoritmos de classificação eficientes, como merge sort e quicksort.

5. **O(n ^ 2) (Tempo Quadrático):** O tempo de execução é proporcional ao quadrado do tamanho da entrada. Comum em loops aninhados que comparam todos os pares de elementos.

Complexidades de tempo do procedimento do algoritmo:

- Comece com a identificação do problema.
- Divida o problema em partes menores ou subproblemas.
- Analise as complexidades de tempo de cada parte ou subproblema separadamente.
- Combine as complexidades das partes individuais.
- Finalmente, analise a complexidade geral de tempo de toda a estratégia de resolução de problemas integrando as complexidades combinadas .

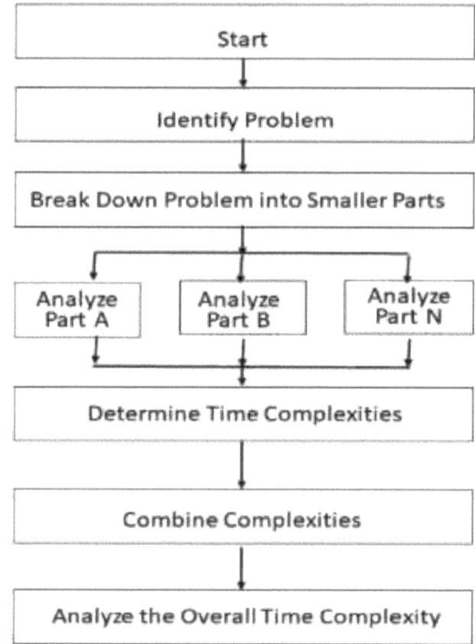

Fig 3.3 Complexidades de tempo dos algoritmos

3.3.4 Complexidades Espaciais de Algoritmos

A complexidade do espaço é um conceito fundamental na ciência da computação e na análise de algoritmos que quantifica a quantidade de espaço de memória (em termos de armazenamento extra) que um algoritmo requer para resolver um problema em função do tamanho de sua entrada.

A complexidade do espaço é frequentemente expressa usando a notação **O grande** .

As complexidades do espaço comum incluem:

1. **O(1) (Espaço Constante):** O algoritmo utiliza uma quantidade fixa e constante de memória adicional, independentemente do tamanho da entrada. Esta é a complexidade de espaço com maior eficiência de memória.
2. **O (log n) (Espaço Logarítmico):** O uso de memória do algoritmo cresce lentamente à medida que o tamanho da entrada aumenta. Comum em algoritmos recursivos com pilhas de chamadas logarítmicas.
3. **O(n)** (Espaço Linear): O uso de memória adicional é proporcional ao tamanho da entrada. Isso é típico de algoritmos que criam estruturas de dados ou matrizes de tamanho linear à entrada.

4. **O(n log n) (Espaço Linearítmico):** O uso de memória do algoritmo cresce um pouco mais rápido que o espaço linear. Isso pode ser visto em algoritmos de classificação com uma abordagem de dividir e conquistar.
5. **O(n ^ 2) (Espaço Quadrático):** O uso adicional de memória é proporcional ao quadrado do tamanho da entrada. Comum em algoritmos que criam estruturas ou matrizes de dados bidimensionais.

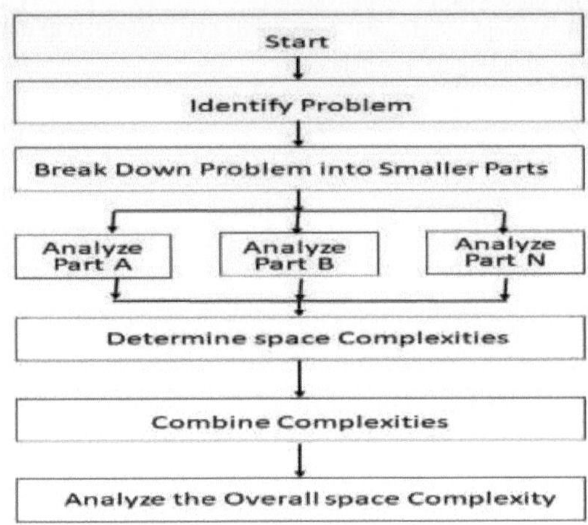

Fig 3.4 Complexidades espaciais de algoritmos

Procedimento de complexidades espaciais:

1. Comece com a identificação do problema.
2. Divida o problema em partes menores ou subproblemas.
3. Analise as complexidades espaciais de cada parte ou subproblema separadamente.
4. Combine as complexidades das partes individuais.
5. Finalmente, analise a complexidade espacial geral de toda a estratégia de resolução de problemas, integrando as complexidades combinadas.

Banco de perguntas

Perguntas de 2 pontos

1. Enunciar a definição de algoritmo e sua importância na ciência da computação.
2. Liste uma característica que distingue um algoritmo bem definido.
3. Defina a estratégia de resolução de problemas de cima para baixo.
4. Qual é a principal vantagem de usar uma abordagem ascendente na resolução de problemas?
5. O que a complexidade do tempo mede sobre um algoritmo?

Perguntas de 10 pontos

6. Explique a importância de cada característica de um algoritmo (por exemplo, clareza, eficácia e generalidade) no contexto da resolução de problemas.
7. Descrever as etapas fundamentais envolvidas na aplicação de uma abordagem algorítmica para resolver um problema computacional. Ilustre sua resposta com um exemplo.
8. Aplique estratégias de resolução de problemas de cima para baixo e de baixo para cima para projetar dois algoritmos distintos para qualquer problema específico. Explique seu

processo de pensamento ao selecionar cada estratégia.
9. Justifique suas escolhas e discuta possíveis compensações para um algoritmo conhecido e proponha otimizações para melhorar suas complexidades de tempo e espaço.
10. Dado um problema computacional complexo, aplique uma combinação de estratégias de resolução de problemas de cima para baixo e de baixo para cima. Forneça uma análise passo a passo de sua abordagem e justifique a seleção de cada estratégia.

Perguntas objetivas

1. Qual é o objetivo principal de um algoritmo? [b]
A. Para receber informações do usuário B. Para resolver um problema específico
C. Para criar uma linguagem de programação D. Para imprimir a saída na tela
2. Qual das alternativas a seguir é uma característica de um bom algoritmo? [a]
A. Simplicidade e clareza B. Complexidade e confusão
C. Aleatoriedade e imprevisibilidade D. Longo e detalhado
3. Qual é a abordagem de resolução de problemas de cima para baixo? [c]
A. Dividir um problema em subproblemas menores
B. Resolvendo todo o problema de uma vez
C. Começando com os menores subproblemas e combinando-os
D. Ignorando completamente os subproblemas
4. Qual abordagem é usada nos algoritmos Divide and Conquer? [a]
A. Abordagem de cima para baixo B. Abordagem de baixo para cima
C. A e B D. Nem A nem B
5. O que indica a complexidade de tempo de um algoritmo? [a]
A. A quantidade de tempo que leva para executar
B. A quantidade de espaço que ele usa
C. O tamanho dos dados de entrada
D. O número de etapas ou operações realizadas
6. Na análise de algoritmos, a notação "Big-O" é usada para representar: [d]
A. O melhor cenário B. O pior cenário
C. O cenário médio D. Todas as opções acima
7. Qual é a principal preocupação da complexidade do espaço em algoritmos? [d]
A. A quantidade de tempo que leva para executar
B. A quantidade de espaço que ele usa
C. O tamanho dos dados de entrada
D. O número de etapas ou operações realizadas
8. Qual das alternativas a seguir NÃO é uma estratégia de resolução de problemas? [d]
A. Abordagem de cima para baixo B. Tentativa e erro
C. Abordagem de baixo para cima D. Abordagem da esquerda para a direita
9. A que se refere o termo "recursão" no contexto de algoritmos? [c]
A. Uma linguagem de programação B. Uma abordagem de resolução de problemas
C. Uma função chamando a si mesma D. Um loop iterativo
10. Qual complexidade é frequentemente considerada mais crítica para avaliação de algoritmos: tempo ou [a]

espaço?

A. Complexidade de tempo

B. Complexidade espacial

C. Ambos são igualmente importantes

D. Nenhum dos dois é importante

espaço?

A. Complexidade de tempo

B. Complexidade espacial

C. Ambos são igualmente importantes

D. Nenhum dos dois é importante

Capítulo 4

ESTRUTURAS DE CONTROLE

As estruturas de controle C gerenciam o fluxo de execução de um programa. Eles incluem instruções condicionais (if, if-else, switch) para tomada de decisão, instruções de loop (for, while, do-while) para repetição e instruções de ramificação (break, continue, goto) para alterar o fluxo de controle. Essas estruturas permitem que os desenvolvedores criem algoritmos flexíveis e eficientes, direcionando o caminho do programa com base em condições, requisitos de iteração e instruções específicas.

4.1 Declarações de Controle

As instruções de controle são executadas com base em certas restrições, como:

> Para pular uma ou mais instruções.
> Execute as mesmas instruções repetidamente com base em certas condições.
> O controle é necessário para mudar de um local para outro.

As declarações de controle são classificadas em três tipos como:

1. Declarações de seleção (ou) controle de decisão
2. Declarações de controle iterativo de loop (ou)
3. Declarações de controle de filial (ou) salto

4.1.1 Seleção (ou) Declarações de Controle de Decisão

As instruções de controle de seleção são usadas para ignorar uma ou mais instruções dependendo do resultado do teste lógico. As declarações de controle de seleção também são conhecidas como declarações de controle de decisão.

A linguagem C suporta instruções de controle de decisão como:

i) Declaração se
ii) Declaração if-else
iii) Instrução de mudança

i) Declaração se

A instrução **if** é usada para executar um bloco de código somente se uma determinada condição for verdadeira.

Sintaxe:

```
se(condição)
{
// Instruções a serem executadas se
//condição é verdadeira
}
```

Fluxograma:

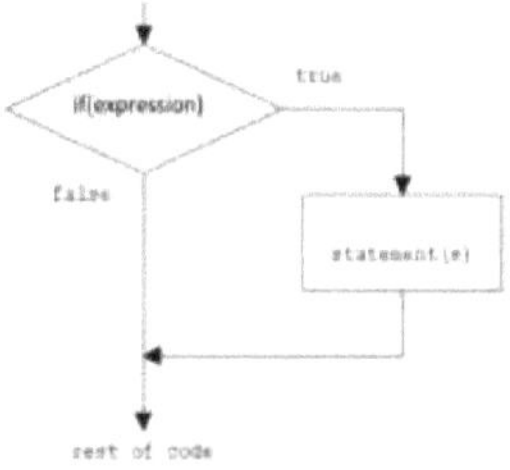

Fig 4.2 declaração if

Aqui,

- A primeira condição é avaliada. Produz VERDADEIRO ou FALSO.
- Se o resultado da condição for TRUE, as instruções do Bloco I serão executadas pelo compilador. Após a execução das Instruções do Bloco-I, o controle chega às Instruções-X.
- Se o resultado da condição for FALSE, as Instruções do Bloco I serão ignoradas pelo compilador e o controle chegará diretamente às Instruções-X.

Exemplo:

```
#include <stdio.h>
int principal()
{
número interno = 5;
se (número> 0)
{
printf("O número é positivo.\n");
}
retornar 0;
}
```

Vantagens da declaração if

A seguir estão as principais vantagens da instrução if em C:

- É a declaração de tomada de decisão mais simples.
- É fácil de usar e entender.
- Ele pode avaliar expressões de todos os tipos, como int, char, bool, **etc.**

Desvantagens da declaração if

As principais limitações do bloco if estão listadas abaixo:

- Ele contém apenas um único bloco. No caso de haver blocos if relacionados com multiplicação, todos os blocos serão testados mesmo quando o bloco if correspondente for encontrado no início
- Quando há um grande número de expressões, o código do bloco if fica complexo e ilegível.
- É mais lento para um grande número de condições.

ii) Instrução If-Else:

A instrução **if-else** permite a execução de um bloco de código se uma condição for verdadeira e outro bloco se a condição for falsa.

Sintaxe:

```
se (condição)
{
//Executa este bloco se
//condição é verdadeira
}
outro
{
//Executa este bloco se
//condição é falsa
}
```

Fluxograma:

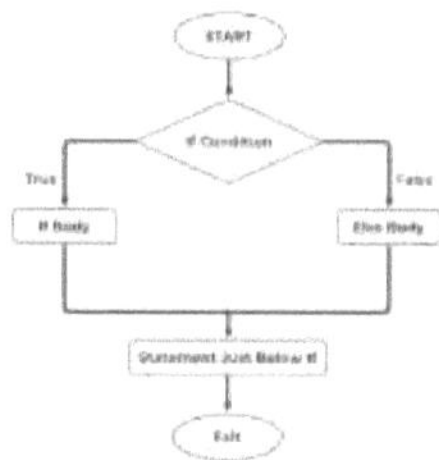

Fig 4.2 Instrução if-else

Aqui,

> A primeira condição é avaliada. Produz VERDADEIRO ou FALSO.

> Se o resultado da condição for TRUE, então as instruções de bloco serão executadas pelo compilador. Após executar as instruções do bloco if, o controle chega às instruções logo abaixo de if.

> Se o resultado da condição for FALSE, então as instruções de bloco serão executadas pelo compilador. Depois de executar as instruções do bloco else, o controle chega às instruções logo abaixo de if.

Exemplo 1:

//Programa C para ilustrar o uso de if-else

```
#include <stdio.h>
int principal()
{
// instrução if else para condição verdadeira
se (1)
{
printf("O bloco if é executado.\n");
}
outro
{
printf("O bloco else é executado\n");
}
retornar 0;
}
```

Saída: O bloco if é executado.

Exemplo-2:

```
// Programa C para demonstrar o funcionamento da instrução if-else
#include <stdio.h>
int principal()
{
//Algum número aleatório
número interno = 9911234;
// verificando a condição no início do bloco if
se (num% 2 == 0)
{
```

//executado quando o número é par
printf("Número é par");
}
// outro bloco
outro {
//executado quando o número é ímpar printf("Número é ímpar");
}
retornar 0;
}

Saída: o número é par

Exemplo-3:

```
// Programa C para verificar se a pessoa está elegível para votar
// ou não
#include <stdio.h>
int principal()
{
//declarando a idade de duas pessoas
int p1_idade = 15;
int p2_idade = 25;
// verificando a elegibilidade da pessoa 1
se (p1_idade <18)
printf("A pessoa 1 não está qualificada para votar.\n");
outro
printf("A pessoa 1 está qualificada para votar.\n");
// verificando a elegibilidade da pessoa 2
se (p2_idade <18)
printf("A pessoa 2 não está qualificada para votar.\n");
outro
printf("A pessoa 2 está qualificada para votar.");
retornar 0;
}
```

Resultado: A pessoa 1 não é elegível para votar.
A pessoa 2 está elegível para votar.

Exemplo-4:

```
#include <stdio.h>
int principal()
{
ano interno;
ano = 2016;
if (((ano % 4 == 0) && (ano % 100!= 0)) || (ano%400 == 0))
printf("%d é um ano bissexto", ano);
outro
printf("%d não é um ano bissexto", ano);
retornar 0;
}
```

Resultado: 2016 é um ano bissexto

Vantagens da declaração if-else

- A instrução if-else permite ao usuário executar instruções diferentes com base em condições diferentes.
- Ele pode avaliar expressões de teste do tipo int, char, boolean e muito mais.
- Ajuda a modificar o fluxo do programa.
- É simples, eficiente e mais fácil de ler quando há menos condições.

Desvantagens da declaração if-else

- Se houver muitas instruções if presentes, o código se tornará ilegível e complexo.
- Também se torna mais lento em comparação com a instrução switch.

iii. **Instrução de mudança**

A instrução switch também é uma decisão multidirecional que permite colocar diferentes instruções de bloco e a execução depende do resultado do valor da expressão.

Sintaxe:

mudar (expressão)

{

caso valor1 **:** instrução_1;

quebrar;

caso valor2 **:** instrução_2;

quebrar;

caso valor_n **:** instrução_n;

quebrar;

padrão: instrução_padrão; }

Regras da instrução switch case:

1. Em uma instrução switch, o " **case value** " deve ser do tipo " **char** " e " **int** ".
2. Pode haver um ou N número de casos.
3. Os valores no caso devem ser **únicos** .
4. Cada instrução do caso pode ter uma instrução break. É opcional.
5. A Declaração padrão também é opcional.

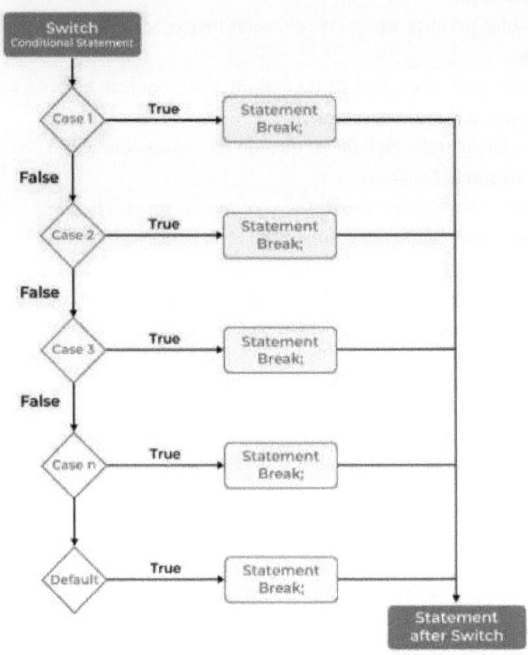

Fig 4.3 instrução switch case

O funcionamento da instrução switch em C é o seguinte:

Etapa 1: a variável switch é avaliada.

Passo 2: O valor avaliado é comparado com todos os casos presentes.

Etapa 3: se o valor do caso correspondente for encontrado, o código associado será executado. Se o código correspondente não for encontrado, o caso padrão será executado, se presente.

Etapa 4: Se a palavra-chave break estiver presente no caso, o controle do programa será interrompido na instrução switch. Se a palavra-chave break não estiver presente, todos os casos após o caso correspondente serão executados.

Etapa 5: as instruções após a instrução switch são executadas.

Exemplo 1:

```
// Programa C para demonstrar o retorno do valor numérico baseado no dia
#include <stdio.h>
int principal()
{
//troca variável
int var = 1;
// instrução switch
mudar (var) {
caso 1:
printf("Caso 1 corresponde.");
quebrar;
caso 2:
```

```
printf("Caso 2 corresponde.");
quebrar;
caso 3:
printf("Caso 3 corresponde.");
quebrar;
padrão:
printf("Casos padrão são correspondentes.");
quebrar;
}
retornar 0;
}
```

Saída:

O caso 1 é correspondido.

Exemplo-2:

```
//Programa para criar uma calculadora simples
#include <stdio.h>
int principal()
{
operação de caracteres;
duplo n1, n2;
printf("Insira um operador (+, -, *, /): ");
scanf("%c", &operação);
printf("Digite dois operandos: ");
scanf("%lf %lf",&n1, &n2);
interruptor (operação)
{
caso '+':
printf("%.1lf + %.1lf = %.1lf",n1, n2, n1+n2); quebrar;
caso '-':
printf("%.1lf - %.1lf = %.1lf",n1, n2, n1-n2);
quebrar;
caso '*':
printf("%.1lf * %.1lf = %.1lf",n1, n2, n1*n2); quebrar;
caso '/':
printf("%.1lf / %.1lf = %.1lf",n1, n2, n1/n2);
quebrar;
// operador não corresponde a nenhuma constante case +, -, *, / default:
printf("Erro! O operador não está correto");
}
retornar 0;
}
```

Saída:

Insira um operador (+, -, *, /): -

Insira dois operandos: 32,5

12.4

32,5 - 12,4 = 20,1

Exemplo-3:

```
//Programa C para imprimir o dia usando switch
#include <stdio.h>
//Código do motorista
int principal()
{
dia interno = 2;
printf("O dia com número %d é ", dia);
mudar (dia) {
caso 1:
printf("Segunda-feira");
quebrar;
caso 2:
printf("Terça-feira");
quebrar;
caso 3:
printf("Quarta-feira");
quebrar;
caso 4:
printf("Quinta-feira");
quebrar;
caso 5:
printf("Quinta-feira");
quebrar;
caso 6:
printf("Quinta-feira");
quebrar;
caso 7:
printf("Quinta-feira");
quebrar;
padrão:
printf("Entrada inválida");
quebrar;
}
retornar 0;
}
```

Saída:

O dia com o número 2 é terça-feira.

Vantagens da instrução C switch

i. Mais fácil de ler do que if else if.
ii. Mais fácil de depurar e manter para um grande número de condições.
iii. Velocidade de execução mais rápida.

Desvantagens da instrução C switch

1. Switch case só pode avaliar o tipo int ou char.
2. Não há suporte para expressões lógicas.
3. Lembre-se de adicionar uma pausa em todos os casos.

4.1.2 Declarações de Controle de Loop (ou) Iteração

A execução repetitiva de uma ou mais instruções é chamada de iteração, comumente conhecida como loop. As instruções de controle de loop também são conhecidas como instruções de controle iterativas.

Instruções de controle de loop são usadas para execução repetitiva de instruções com base no resultado de um teste lógico.

A linguagem C suporta três instruções de controle de loop como:

i) Enquanto declaração
ii) Declaração Do-while
iii) Para declaração

i. Enquanto declaração:

O loop **while** repete um bloco de código enquanto uma determinada condição for verdadeira.

Sintaxe:

```
enquanto (condição)
{
- - - /* Instruções de bloco */
}
```

Fluxograma:

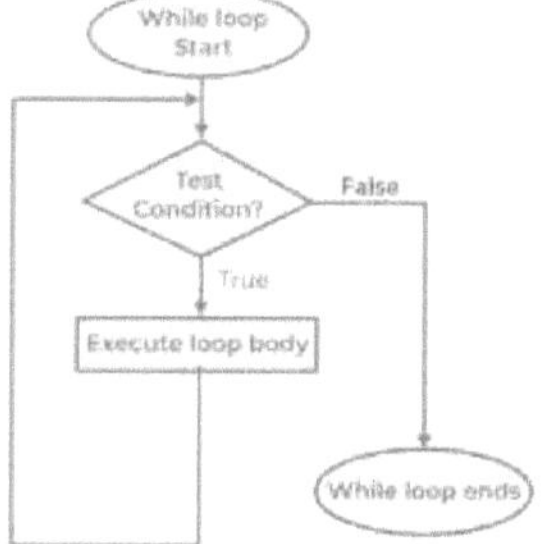

Fig 4.4 Instrução de loop while

Trabalhando no loop while

1. PASSO 1: Quando o programa chega ao loop pela primeira vez, a condição de teste será avaliada.
2. PASSO 2: Se a condição de teste for falsa, o corpo do loop será ignorado, o programa continuará.
3. PASSO 3: Se a expressão for avaliada como verdadeira, o corpo do loop será executado.
4. PASSO 4: Após executar o corpo, o controle do programa irá para o PASSO 1. Este processo continuará até que a expressão de teste seja verdadeira.

Exemplo 1:

```
// Imprime números de 1 a 5
#include <stdio.h>
int principal() {
int eu = 1;
enquanto (eu <= 5)
{
```

```
printf("%d\n",i);
eu++;
}
retornar 0;
}
```

Saída:

1
2
3
4
5

Exemplo-2:

```
// Programa C para encontrar o fatorial de um número usando o loop While
#include <stdio.h>
int principal()
{
int nbr, i = 1, f = 1;
printf("Digite um número para calcular seu fatorial: ");
scanf("%d", &nbr);
enquanto(eu <= nbr)
{
f = f * eu;
eu++;
}
printf("%d! = %ld\n", nbr, f);
retornar 0;
}
```

Saída:

Insira um número para calcular seu fatorial: 3
3! = 6

ii. Declaração Do-While:

A instrução Do-While também é usada para execução repetitiva das mesmas instruções mais de uma vez.

Sintaxe:

```
fazer
- - - /* Instruções de bloco */
}
enquanto(condição);
```

Fluxograma:

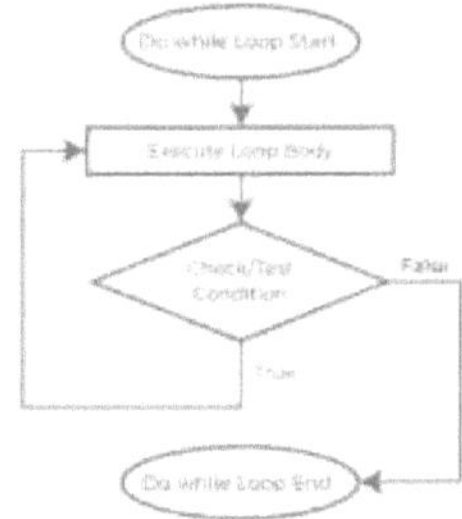

Fig 4.5 Instrução do loop do-while

Aqui,

> Primeiro, o compilador executa instruções Block e depois entra na seção de condições.

> A condição é avaliada e produz VERDADEIRO ou FALSO.

> Se o resultado da condição for TRUE, então novamente o controle entra na Instrução do Bloco e é executado. Este procedimento é repetido até que a condição se torne FALSA.

> Quando o resultado da condição atinge FALSE, o controle é transferido para fora do loop.

Exemplo:

```
// Programa C para imprimir tabuada usando do...while
// laço
#include <stdio.h>
int principal()
{
int N = 5, i = 1;
fazer {
printf("%d\tx\t%d\t=\t%d\n", N, i, N * i);
} enquanto (i++ < 10);
retornar 0;
}
```

Saída:

5x1 =5
5x2 = 10
5x3 =15
5x4 =20
5x5 =25
5x6 =30
5x7 =35
5x8 =40
5x9 =45
5 x 10 = 50

111.**Para declaração:**

A instrução For também é usada para execução repetitiva das mesmas instruções mais de uma vez.

Sintaxe:

for (Inicialização; Condição; Incremento/Decremento)

/* Bloquear instruções */

}

Fluxograma:

Fluxograma:

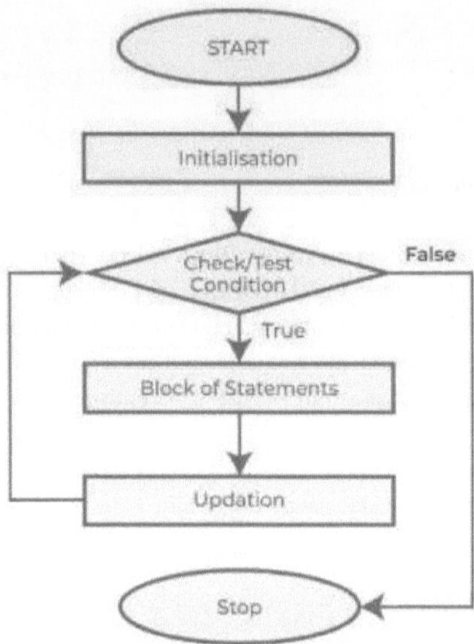

Fig 4.6 para instrução de loop

Aqui,

> O primeiro controle chega à seção Inicialização. A inicialização começa com a atribuição de um valor à variável e é executada apenas uma vez no início do loop. Então o controle entra na seção Condição.

> A condição é avaliada e produz VERDADEIRO ou FALSO.

> Se o resultado da Condição for TRUE, as instruções de bloco serão executadas pelo compilador. Após executar as instruções de bloco, o controle chega à seção Incremento/Decremento.

> A seção Incremento/Decremento atualiza as variáveis de controle. Após atualizar a variável de controle, novamente o controle chega à seção Condição e é avaliado.

> Este procedimento é repetido até que a condição se torne FALSA.

> Quando o resultado da condição se torna FALSO, o controle é transferido para fora do loop.

Exemplo

```
// Imprime números de 1 a 10
#include <stdio.h>
int principal() {
int eu;
para (eu = 1; eu < 11; ++i)
{
```

```
printf("%d ", eu);
}
retornar 0;
}
```

Saída

1 2 3 4 5 6 7 8 9 10

4.1.3 Declarações de controle de ramificação (ou) salto

As instruções de controle de filial são usadas para transferir o controle de um local para outro. A linguagem C fornece três instruções de controle de ramificação como:

i) Declaração de quebra
ii) Continuar declaração
iii) Declaração Ir para
iv) Declaração de quebra:

A instrução break é usada em instruções de controle de loop, como instruções while, do-while, for e switch para encerrar a execução do loop ou instrução switch.

O formato geral da instrução break é:

Sintaxe: **pausa;**

Quando a palavra-chave break é encontrada dentro de qualquer loop C, o controle pula automaticamente o loop inteiro e passa para as instruções disponíveis após o loop.

Exemplo:

```
/* Exemplo de programa para instrução break */
#include<stdio.h>
#include<conio.h>
int principal()
{
int i,x,soma;
clrscr();
soma=0;
para(i=1;i<=5;i++)
{
printf("\nDigite o número %d = ",i);
scanf("%d",&x);
se(x<0)
quebrar;
soma=soma+x;
}
printf("\nTotal = %d",soma);
retornar 0;
}
```

Saída:

Digite o número 1 = 4
Digite o número 2 = 7
Digite o número 3 = -2
Total = 11

v)) Continuar declaração:

A instrução continue é usada nas instruções while, do-while e for para encerrar a iteração atual do loop.

O formato geral da instrução continue é:

Sintaxe: continuar;

Quando a palavra-chave continue é encontrada dentro de qualquer loop C, o compilador ignora as instruções restantes disponíveis após a instrução continue e o controle chega à próxima iteração do loop.

Exemplo:

```
/* Exemplo de programa para instrução continue */
#include<stdio.h>
#include<conio.h>
principal()
{
int i,x,soma;
clrscr();
soma=0;
para(i=1;i<=5;i++)
{
printf("\nDigite o número %d = ",i);
scanf("%d",&x);
se(x<0)
continuar;
soma=soma+x;
}
printf("\nTotal = %d",soma);
retornar 0;
}
```

Saída:

Digite o número 1 = 5

Digite o número 2 = 6

Digite o número 3 = 7

Digite o número 4 = 8

Digite o número 5 = 9

Total = 35

vi) . Declaração Ir para:

A instrução **goto** permite pular para uma instrução rotulada no código.

Sintaxe:

Sintaxe1 | Sintaxe2

```
 ----------------------------
goto label; |  label:
.           | .
.           | .
.           | .
label:      | goto label;
```

Fluxograma:

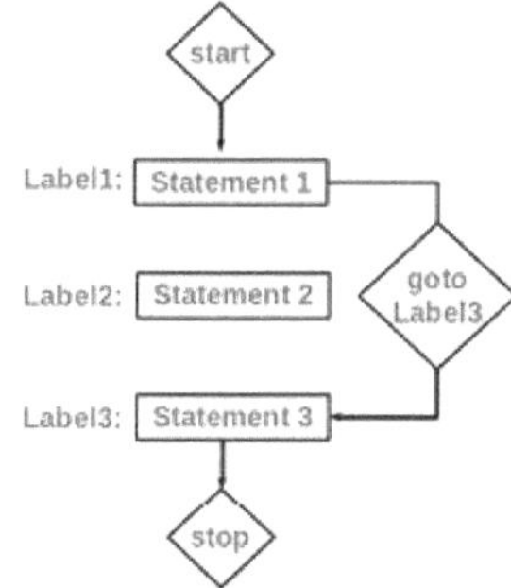

Fig 4.7 Fluxograma da instrução Goto

Exemplo:

```
#include <stdio.h> int main()
{
int eu = 1; começar:
se (eu <= 5)
{
printf("%d ", eu); eu++; vamos começar;
}
retornar 0;
}
```

Saída:

1 2 3 4 5

Banco de perguntas

Perguntas de 2 pontos

1. Declare o propósito da instrução if na programação.
2. Identifique as situações em que a instrução **if-else** é mais adequada do que a instrução **if** .
3. Descreva o propósito de um **loop** for na programação C.
4. Diferencie um loop **while de um loop do-while** .
5. Defina o propósito da instrução **continue** em um loop.

Perguntas de 10 pontos

1. Explique o propósito das declarações condicionais na programação. Forneça exemplos de situações em que cada opção (if, if-else, switch) seria apropriada.
2. Descreva os principais recursos dos loops. Diferencie os loops **for** , **while** e **do-while** , fornecendo cenários em que cada um é preferível.
3. Desenvolva um programa que use uma instrução switch para lidar com vários casos. Justifique o

uso de uma instrução switch em vez de múltiplas instruções if-else.

4. Examine um determinado programa C e identifique áreas potenciais para a aplicação das instruções **break** e **continue** . Discuta o impacto na lógica do programa.

5. Projete um programa que use loops e instruções condicionais para criar um padrão ou sequência. Explique o processo de tomada de decisão por trás da estrutura do programa.

Perguntas objetivas

1. Qual é o objetivo principal da instrução **if** na programação C? [c]
A. Para executar um bloco de código repetidamente
B. Para lidar com vários casos em uma instrução switch
C. Para executar um bloco de código somente se uma determinada condição for verdadeira
D. Para sair de um loop prematuramente

2. Qual loop é mais adequado para situações em que o número de iterações é conhecido antecipadamente? [a]
A. loop **for** B. loop **while** C. loop **do-while** D. loop **switch**

3. Qual é o propósito da instrução **break** na programação C? [c]
A. Para pular o resto do código dentro de um loop
B. Para pular para uma instrução rotulada no código
C. Para sair de um loop prematuramente
D. Para passar para a próxima iteração de um loop

4. Na instrução **if-else** , o que é executado se a condição for falsa? [c]
A. Nada B. O código dentro do bloco **if**
C. O código dentro do bloco **else** D. O código dentro dos blocos **if** e **else**

5. Qual loop tem garantia de executar seu corpo pelo menos uma vez? [c]
A. loop **for** B. loop **while** **C. loop do-while** D. loop **if-else**

6. O que a instrução **continue** faz em um loop? [b]
A. Sai do loop prematuramente
B. Ignora o restante do código dentro do loop e passa para a próxima iteração
C. Salta para uma instrução rotulada
D. Sai completamente do loop

7. Em um loop **for** , onde normalmente é colocada a instrução de inicialização? [a]
A. No início do loop B. No meio do loop
C. No final do loop D. Em lugar nenhum; não é necessário em um loop **for**

8. Qual é a função principal da instrução **switch** ? [b]
A. Para executar um bloco de código somente se uma determinada condição for verdadeira
B. Para lidar com vários casos com base no valor de uma expressão
C. Para criar uma instrução rotulada no código
D. Para iterar sobre uma sequência de elementos

9. Quando a instrução **break é** comumente usada? [b]
A. Para pular o resto do código dentro de um loop
B. Para sair de um loop prematuramente
C. Para pular para uma instrução rotulada no código
D. Para passar para a próxima iteração de um loop

10. No loop **do-while** , quando a condição é verificada? [b]
A. Antes de executar o corpo do loop B. Depois de executar o corpo do loop
C. Durante a inicialização D. Nunca; o loop é executado indefinidamente

Capítulo 5

MATRIZ

5.1 Matrizes

Uma matriz é uma coleção de elementos de tipo de dados homogêneos/semelhantes/mesmos que são armazenados em locais de memória sucessivos.

Dependendo do número de subscritos usados, os arrays podem ser classificados em diferentes tipos como:

1. Matrizes unidimensionais (ou) unidimensionais
2. Matrizes duplas (ou) bidimensionais
3. Matrizes multidimensionais

5.1.1 Matrizes Unidimensionais

Seja 'm' o tamanho de um array, o array unidimensional pode ser definido como -

"Matriz unidimensional é uma coleção de m elementos de dados homogêneos que são armazenados em m locais de memória sucessivos".

O formato geral de uma matriz unidimensional é:

Sintaxe: tipo de dados ArrayName[tamanho];

Exemplo: int x[5];

Onde,

> datatype especifica o tipo dos elementos que serão armazenados no array.

> ArrayName especifica o nome do array que segue as mesmas regras de um array válido identificador.

> size indica o número máximo de elementos que podem ser armazenados dentro do array.

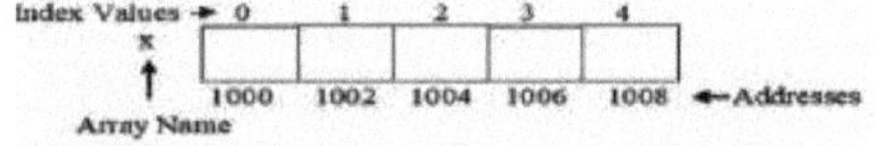

Fig 5.1 alocação de memória de array de dimensão única

Aqui,

Todos os locais de memória compartilham um nome comum como 'x'.

0º elemento de índice como x[0],

1º elemento de índice como x[1] e em breve.

Indexação de matrizes:

Em C, os arrays são indexados em zero, o que significa que o primeiro elemento de um array é acessado usando o índice 0, o segundo elemento com o índice 1 e assim por diante.

O último elemento de um array de tamanho n é acessado usando o índice n-1.

Exemplo:

```
#include <stdio.h>
int principal()
{
// Declara um array de inteiros int myArray[5] = {10, 20, 30, 40, 50};
// Acessar e imprimir elementos individuais usando indexação printf("Element at index 0: %d\n", myArray[0]); // 10 printf("Elemento no índice 1: %d\n", myArray[1]); // 20 printf("Elemento no índice 2: %d\n", myArray[2]); // 30 printf("Elemento no índice 3: %d\n", myArray[3]); // 40 printf("Elemento no índice 4: %d\n", myArray[4]); // 50 retorna 0;
}
```

Saída:

Elemento no índice 0: 10
Elemento no índice 1: 20
Elemento no índice 2: 30
Elemento no índice 3: 40
Elemento no índice 4: 50

Inicialização de matrizes unidimensionais

1 .A forma geral de inicializar o array unidimensional é:

Sintaxe:

tipo de dados ArrayName[tamanho] = {Lista de Valores};

Exemplo:

int k[5] = {11,22,33,44,55}; /* 11 22 33 44 55 */

2 .Ao inicializar elementos, o tamanho pode ser omitido. Nesses casos, o compilador aloca memória suficiente para todos os elementos inicializados.

Exemplo:

int k[ ] = {11,22,33,44,55}; /* 11 22 33 44 55 */

3 .Ao inicializar elementos especificando o tamanho, até mesmo um elemento é inicializado; por padrão, os elementos restantes são inicializados com '0' pelo compilador.

Exemplo:

int k[5] = {11,22};   /* 11 22 0 0 0 */

```
// Programa C para ilustrar o acesso ao elemento usando array
#include <stdio.h>
int principal()
{
// declaração e inicialização do array int arr[5] = { 15, 25, 35, 45, 55 };
// acessando o elemento no índice 2, ou seja, 3º elemento printf("Element at arr[2]: %d\n", arr[2]);
// acessando o elemento no índice 4, ou seja, último elemento printf("Element at arr[4]: %d\n", arr[4]);
// acessando o elemento no índice 0, ou seja, primeiro elemento printf("Element at arr[0]: %d", arr[0]);
retornar 0;
}
```

Saída:

Elemento em arr[2]: 35
Elemento em arr[4]: 55
Elemento em arr[0]: 15

Exemplo:

Encontre o mínimo e o máximo de uma matriz inteira 1-D.

```
#include <stdio.h>
#include <conio.h>
int principal()
{
int a[1000],i,n,mín,máx;
printf("Digite o tamanho do array: ");
scanf("%d",&n);
```

```
printf("Insira os elementos do array: ");
para(eu=0; eu<n; eu++)
{
scanf("%d",&a[i]);
}
min=máx=a[0];
para(eu=1; eu<n; eu++)
{
se(min>a[i])
min=a[i];
se(máximo<a[i])
máximo=a[i];
}
printf("mínimo do array é: %d",min);
printf("\nmáximo do array é: %d",max);
retornar 0;
}
```

Saída:

Insira o tamanho da matriz: 5

Insira os elementos na matriz: 1

2

3

4

5

o mínimo da matriz é: 1

o máximo da matriz é: 5

Modelo de memória

O modelo de memória para arrays em C envolve alocação de memória contígua e uma abordagem de indexação baseada em zero e tamanho fixo. Aqui está uma explicação mais detalhada:

1. Alocação de memória contígua:

• Os elementos de uma matriz são armazenados em locais de memória contíguos (adjacentes).

• Se arr for um array, os locais de memória poderão ser assim:

| arr[0] | arr[1] | arr[2] | ... | arr[n-1] |

• O armazenamento contíguo permite acesso eficiente à memória e suporta indexação direta.

2. Tamanho fixo:

• O tamanho de um array é fixo no momento da declaração e não pode ser alterado durante a execução.

• Por exemplo, int arr[5]; declara um array inteiro chamado arr com um tamanho fixo de 5 elementos.

3. Indexação Baseada em Zero:

• A indexação de array em C começa em 0. O primeiro elemento é acessado usando o índice 0, o segundo com o índice 1 e assim por diante.

• Se arr for uma matriz, arr[0] refere-se ao primeiro elemento, arr[1] ao segundo e assim por diante.

4. **Aritmética de ponteiro:**

- O nome do array em C pode ser tratado como um ponteiro para seu primeiro elemento.

Por exemplo,

arr é equivalente a &arr[0].

- A aritmética de ponteiro pode ser usada para navegar pelos elementos de um array.

5. **Determinação do tamanho:**

- O operador sizeof em C pode ser usado para determinar o tamanho de um array em bytes.
- Por exemplo, sizeof(arr) retorna o tamanho total do array em bytes.

Exemplo para ilustrar esses conceitos

```
#include <stdio.h>
int principal() {
int arr[5] = {10, 20, 30, 40, 50};
// Acessando elementos usando indexação
printf("arr[0]: %d\n", arr[0]); //10
printf("arr[1]: %d\n", arr[1]); //20
//Usando aritmética de ponteiro
printf("*arr: %d\n", *arr); // Equivalente a arr[0]
//Tamanho da matriz
printf("Tamanho do arr: %lu bytes\n", sizeof(arr));
retornar 0;
}
```

Saída:

```
arr[0]: 10
arr[1]: 20
*arr: 10
Tamanho do arr: 20 bytes
```

Exemplo de array C: classificando um array

```
#include<stdio.h>
vazio principal ()
{
int i, j, temp;
int a[10] = { 10, 9, 7, 101, 23, 44, 12, 78, 34, 23};
para (eu = 0; eu<10; eu++)
{
para (j = i+1; j<10; j++)
{
se (a[j] > a[i])
{
temperatura = a[i];
uma[i] = uma[j];
uma[j] = temperatura;
}
}
}
printf("Imprimindo lista de elementos classificados ...\n");
```

```
para (eu = 0; eu<10; eu++)
{
printf("%d\n",a[i]);
}
}
```

Saída:

Imprimindo lista de elementos classificados...
101
78
44
34
23
23
12
10
9
7

Vantagem da matriz 1D:

1) **Otimização de código** : Menos código para acessar os dados.
2) **Facilidade de deslocamento** : pode acessar rapidamente os elementos de um array utilizando o loop for.
3) **Facilidade de classificação** : apenas algumas linhas de código são necessárias para classificar os elementos do array.
4) **Acesso aleatório** : o array nos permite acessar aleatoriamente qualquer elemento.

Desvantagem da matriz 1D:

1) **Tamanho fixo** : Eles não conseguem ultrapassar o limite, independentemente do tamanho que especificamos no momento da declaração do array. Portanto, seu tamanho não se expande dinamicamente como LinkedList – sobre o qual aprenderemos mais tarde.

5.1.2 Matrizes Duplas Dimensionais

Seja 'm' o tamanho da linha e 'n' o tamanho da coluna, então uma matriz bidimensional pode ser definida como -

" Matriz bidimensional é uma coleção de mxn elementos de dados homogêneos que são armazenados em mxn locais de memória sucessivos ".

O formato geral de uma matriz bidimensional é:

Sintaxe: tipo de dados ArrayName[size1][size2];

Exemplo: int x[3][4];

0 12 3

Fig 5.2 Alocação de memória para array bidimensional

Onde,

> Datatype especifica o tipo dos elementos que serão armazenados no array.

> ArrayName especifica o nome do array que segue as mesmas regras de um identificador válido.

> Size1 especifica o tamanho da linha, ou seja, o número de linhas e size2 especifica o tamanho da coluna, ou seja, o número de colunas.

Exemplo de programa:

/* Lendo e imprimindo um array bidimensional */

```
#include<stdio.h>
#include<conio.h>
principal()
{
intm,n,i,j,x[10][10];
clrscr();
printf("\nInforme quantas linhas:");
scanf("%d",&m);
printf("\nInforme quantas colunas:"); scanf("%d",&n);
printf("\nInsira os elementos da matriz:");
para(i=0;i<m;i++)
{
for(j=0;j<n;j++) scanf("%d",&x[i][j]);
}
printf("\nOs elementos da matriz são:");
para(i=0;i<m;i++)
{
printf("\n");
para(j=0;j<n;j++)
printf("%d",x[i][j]);
}
}
```

Saída:

```
Digite quantas linhas:4
Insira quantas colunas:4
Insira os elementos da matriz: 10
12
13
15
17
18
19
30
31
32
35
36
37
38
34
26
Os elementos da matriz são:
10  12      13     15
17  181930
31  323536
37  383426
```

Inicialização de matrizes de dimensão dupla

1 .A forma geral de inicializar um array bidimensional é:

Sintaxe:

tipo de dados ArrayName[size1][size2] = {Lista de Valores};

Exemplo:

int k[2][3] = {1,2,7,3,9,12};

2 .A lista de valores também pode ser inicializada na forma de uma representação matricial como:

Sintaxe:

tipo de dados ArrayName[size1][size2] = { {Valores da Linha1},{Valores da Linha2}, };

Exemplo:

int k[2][3] = {{1,2,7},{3,9,12}};

3 .Ao inicializar a lista de valores, size1 (Row Size) pode ser omitido. Nesses casos, o compilador aloca memória suficiente para todos os elementos inicializados.

Exemplo:

int k[ ][3] = {1,2,7,3,9,12};

4 .No momento da inicialização, até mesmo um elemento é inicializado; por padrão, os elementos restantes são inicializados com '0' pelo compilador.

Exemplo:

int k[2][3] = {1,2,7,3};

Exemplo de programa:

```
/* Inicialização de um array bidimensional */
#include<stdio.h>
principal()
{
int x[2][3] = {11,22,33,44,55,66},i,j;
printf("\nOs elementos da matriz são = ");
para(eu=0;eu<2;eu++)
{
printf("\n");
for(j=0;j<3;j++) printf(" %d",x[i][j]);
}
}
```

Saída:

```
Os elementos da matriz são =
11  2233
44  5566
```

Exemplo de programa:

escreva um programa ac para adição de duas matrizes

```
#include <stdio.h>
int principal() {
int a[3][3] = {{1, 2, 3}, {4, 5, 6}, {7, 8, 9}};
int b[3][3] = {{9, 8, 7}, {6, 5, 4}, {3, 2, 1}};
intc[3][3];
int eu, j;
para (eu = 0; eu < 3; eu++)
```

```
{
para (j = 0; j < 3; j++)
{
c[i][j] = a[i][j] + b[i][j];
}
}
printf("Resultado da adição: \n");
para (eu = 0; eu < 3; eu++)
{
para (j = 0; j < 3; j++)
{
printf("%d ",c[i][j]);
}
printf("\n");
}
retornar 0;
}
```

Saída:

Resultado da adição:
10 10 10
10 10 10
10 10 10

5.2 Cordas

Strings são definidas como matrizes de caracteres nas quais cada caractere é armazenado usando um byte na memória. Em C, o final da string é denotado pelo caractere nulo, ou seja, \0.

Sintaxe:

char nome-arr[dimensão];

Aqui,

char representa o tipo de dados de caractere da matriz, arr-name representa o nome da matriz e dimensão representa o tamanho da matriz.

Exemplo: char nome_alunos[5];

char saudação[6] = {'H', 'e', 'l', 'l', 'o', '\0'};

char saudação[] = "Olá";

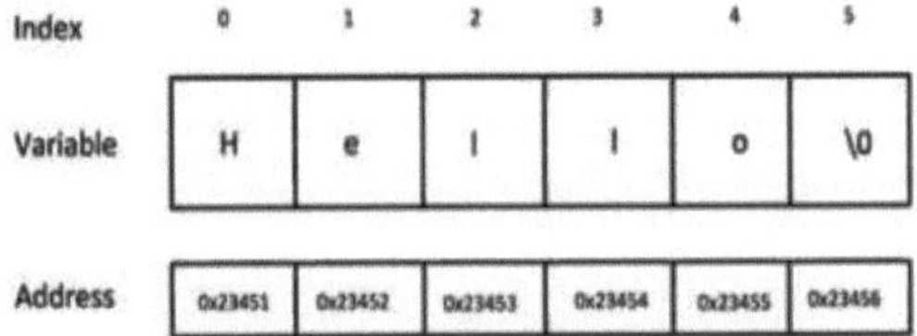

Fig 5.3 Alocação de memória de string

Exemplo de programa:

```
#include <stdio.h> int main()
{
char saudação[6] = {'H', 'e', 'l', 'l', 'o', '\0'};
```

```
printf("Mensagem de saudação: %s\n", saudação);
retornar 0;
}
```

Saída:

Mensagem de saudação: Olá

Funções de string:

C fornece diversas funções de biblioteca padrão para trabalhar com strings. Alguns mais comuns incluem:

strlen: Calcula o comprimento de uma string.

strcpy: Copia uma string para outra.

strcat: Concatena duas strings.

strcmp: Compara duas strings.

Exemplo:

```
#include <stdio.h>
#include <string.h>
int principal()
{
char str1[12] = "Olá";
char str2[12] = "Mundo";
caracterestr3[12];
int len ;
/* copia str1 para str3 */
strcpy(str3,str1);
printf("strcpy(str3, str1): %s\n", str3);
/* concatena str1 e str2 */
strcat(str1,str2);
printf("\nstrcat( str1, str2): %s\n", str1 );
/* comprimento total de str1 após concatenação */
len = strlen(str1);
printf("strlen(str1): %d\n",len);
/* str1 reverso */
printf("\nO inverso da string é: %s",strrev(str1));
retornar 0;
}
```

Saída:

strcpy(str3,str1): Olá

strcat(str1, str2): Olá Mundo

strlen(str1): 10

O inverso da string é: dlroWolleH

Banco de perguntas

com 2 pontos em perguntas

1. Defina um array em C e explique sua indexação.
2. Descreva resumidamente o modelo de memória de uma matriz unidimensional.
3. Indique a importância do terminador nulo em strings C.
4. Defina uma matriz bidimensional e forneça um exemplo.
5. Diferencie entre uma matriz de caracteres e uma string em C.

Perguntas de 10 pontos

1. Explique o conceito de indexação de array em C. Forneça um exemplo para ilustrar o processo de indexação.
2. Compare e contraste matrizes unidimensionais e matrizes bidimensionais em termos de representação e indexação de memória.
3. Projete um programa C que receba a entrada do usuário para inicializar uma matriz unidimensional de inteiros.
4. Projete um programa C que receba a entrada do usuário para inicializar uma matriz bidimensional de inteiros.
5. Explique as diversas funções de biblioteca padrão que funcionam para strings. Por que isso é necessário ao trabalhar com strings com a ajuda de um programa de exemplo?

Perguntas objetivas

1. Qual é o índice do primeiro elemento de um array em C? [b]

A. 1 B. 0 C. -1D.N

2. Em C, como os arrays são armazenados na memória? [c]

A. Sequencialmente na ordem inversa B. Espalhados aleatoriamente

C. Sequencialmente em ordem de linha principal D. Sequencialmente em ordem de coluna principal

3. Como os elementos são normalmente acessados em uma matriz bidimensional? [b]

A. Usando um único índice B. Usando dois índices (linha e coluna)

C. Usando um ponteiro D. Usando uma variável de contador

4. Qual é o terminador nulo em strings C? [c]

A. '\n' B. '\t'C. '\0'D. '\r'

5. Em C, qual é o último índice de um array com 10 elementos? [a]

A.9 B.10C.11D.0

6. Como o modelo de memória de um array difere daquele de uma lista vinculada? [b]

A. Matrizes são armazenadas em uma estrutura vinculada

B. Matrizes usam memória contígua, enquanto listas vinculadas usam memória dispersa

C. Listas vinculadas usam uma ordem de linha maior

D. Não há diferença no armazenamento de memória

7. Como a memória é alocada para um array em C? [b]

A. Dinamicamente em tempo de execução B. Estaticamente em tempo de compilação

C. A e B D. Nem A nem B

8. Qual instrução inicializa corretamente um array de inteiros em C? [a]

A. int arr[5] = {1, 2, 3, 4, 5}; B. int arr[5] = {1, 2, 3};

C. int arr[5] = {1, 2, 3, 4, 5, 6}; D. int arr[5] = {1, 2, 3, 4};

9. Como os elementos são armazenados em uma matriz bidimensional em ordem de linha maior? [b]

A. Os elementos são armazenados coluna por coluna

B. Os elementos são armazenados linha por linha

C. Os elementos são armazenados aleatoriamente

D. Os elementos são armazenados na ordem inversa

10. Qual função é comumente usada para encontrar o comprimento de uma string em C? [b]

A. comprimento() B. strlen() C. tamanho() D. strlength()

Capítulo 6

PONTEIROS E TIPOS DE DADOS DEFINIDOS PELO USUÁRIO

6.1 Ponteiros

O ponteiro na linguagem C é uma variável que armazena o endereço de outra variável.

Exemplo:

1.int **n** = 50;

2. **int** * p = &n; // A variável p do tipo ponteiro está apontando para o endereço da variável n do tipo inteiro.

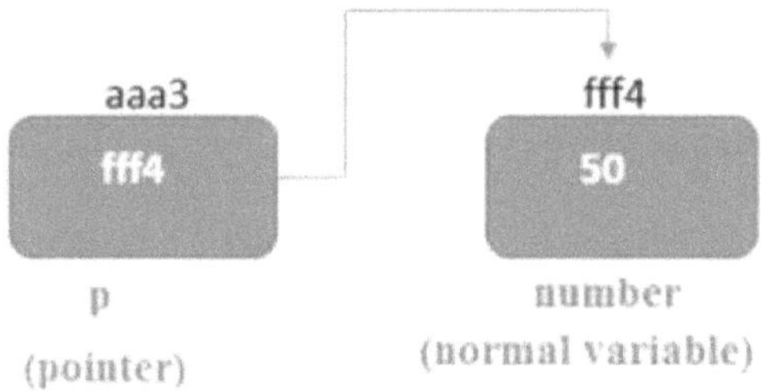

Fig 6.1 Ponteiro

Na figura 6.1 acima, a variável ponteiro armazena o endereço da variável numérica, ou seja, fff4. O valor da variável numérica é 50. Mas o endereço da variável ponteiro p é aaa3.

Declarando um ponteiro

O ponteiro em linguagem c pode ser declarado usando * (símbolo de asterisco).

1. **int** *a;//ponteiro para int
2. **char** *c;//ponteiro para char

Exemplo:

```
#include<stdio.h>
int principal()
{
interno =50;
interno *p;
p=&number;//armazena o endereço da variável numérica
printf("O endereço da variável p é %x \n",p); /* p contém o endereço do número, portanto, imprimir p fornece o endereço do número.*/
printf("O valor da variável p é %d \n",*p); */ Como os usuários estão cientes de que o caractere * é usado para desreferenciar um ponteiro, imprimir *p resultará no valor salvo no endereço que p contém. */
retornar 0;
}
```

Saída

O endereço da variável numérica é fff4

O endereço da variável p é fff4

O valor da variável p é 50

6.2 Operador de endereço (&)

O operador endereço de (&) é usado para obter o endereço de memória de uma variável. É comumente usado ao atribuir o endereço de uma variável a um ponteiro.

interno x = 10;

int *ptr = &x; // Atribui o endereço de x ao ptr

&x retorna o endereço da variável **x** , e esse endereço é atribuído ao ponteiro **ptr** .

6.3 Operador de desreferência (*)

O operador de desreferência (*) é usado para acessar o valor armazenado no local da memória apontado por um ponteiro. Também é usado para declarar um ponteiro.

interno x = 10;

int *ptr = &x; // ptr contém o endereço de x

int y = *ptr; // *ptr recupera o valor armazenado no endereço apontado por ptr

***ptr** recupera o valor armazenado no endereço de memória mantido pelo ponteiro **ptr** . Portanto, será atribuído **a y o valor de x** , que é 10.

6.4 Aritmética de ponteiro

Aritmética de ponteiro é o conjunto de operações aritméticas válidas que podem ser realizadas em ponteiros. As variáveis de ponteiro armazenam o endereço de memória de outra variável. Não armazena nenhum valor. Essas operações são:

1. Incremento/Decremento de um Ponteiro
2. Adição de inteiro a um ponteiro
3. Subtração de número inteiro para um ponteiro
4. Comparação de ponteiros

1. Incremento/Decremento de um Ponteiro

Incremento:

É uma condição que também vem sob adição. Quando um ponteiro é incrementado, ele na verdade aumenta pelo número igual ao tamanho do tipo de dados para o qual é um ponteiro.

Exemplo:

Se um ponteiro inteiro que armazena **o endereço 1000** for incrementado, ele aumentará em 4 (**tamanho de um int**) e o novo endereço apontará para **1004** .

Decremento:

É uma condição que também está sujeita à subtração. Quando um ponteiro é decrementado, na verdade ele é decrementado pelo número igual ao tamanho do tipo de dados para o qual é um ponteiro.

Exemplo:

Se um ponteiro inteiro que armazena **o endereço 1000** for decrementado, ele diminuirá em 4 (**tamanho de um int**) e o novo endereço apontará para **996** .

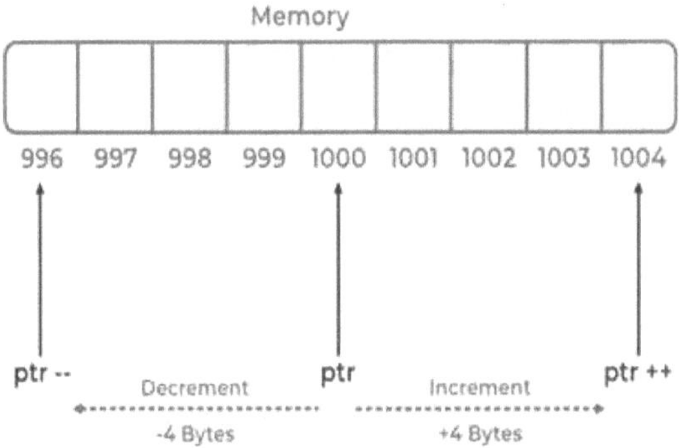

Fig 6.2 Incremento e decremento do ponteiro

Exemplo:

```
#include <stdio.h>
//incremento e decremento do ponteiro
//os ponteiros são incrementados e decrementados pelo tamanho do tipo de dados para o qual
apontam int main()
{
intuma = 22;
int *p = &a;
printf("p = %u\n", p);
p++;
printf("p++ = %u\n", p);
p--;
printf("p-- = %u\n", p);
retornar 0;
}
```

Saída:

```
p = 3773015428
p++ = 3773015432
p-- = 3773015428
```

2. Adição de inteiro ao ponteiro

Quando um ponteiro é adicionado com um valor inteiro, o valor é primeiro multiplicado pelo tamanho do tipo de dados e depois adicionado ao ponteiro.

Por exemplo:

Considere que **ptr** é um **ponteiro inteiro** que armazena **1000** como endereço. O endereço final armazenado no ponteiro será ptr = 1000 + sizeof(int) * 5 = 1020 empregando a expressão ptr = ptr + 5 para adicionar o número 5.

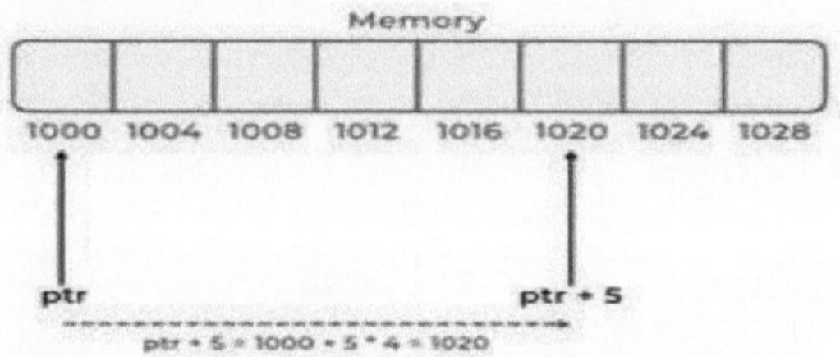

Fig 6.3 Exemplo de adição de número inteiro a ponteiro:

```
//Programa C para ilustrar adição de ponteiro
#include <stdio.h>
//Código do motorista
int principal()
{
//Variável inteira
interno N = 4;
// Ponteiro para um inteiro int *ptr1, *ptr2;
// Ponteiro armazena o endereço de N
ptr1 = &N;
ptr2 = &N;
printf("Ponteiro ptr2 antes da adição: ");
printf("%p\n",ptr2);
//Adição de 3 ao ptr2
ptr2 = ptr2 + 3;
printf("Ponteiro ptr2 após adição: ");
printf("%p\n",ptr2);
retornar 0;
}
```

Saída:

Ponteiro ptr2 antes da adição: 0x7ffed59656ec

Ponteiro ptr2 após adição: 0x7ffed59656f8

3. Subtração de inteiro para ponteiro

Quando um ponteiro é subtraído com um valor inteiro, o valor é primeiro multiplicado pelo tamanho do tipo de dados e depois subtraído do ponteiro de forma semelhante à adição.

Por exemplo:

Considere que **ptr** é um **ponteiro inteiro** que armazena **1000** como endereço. O endereço final salvo no ponteiro é ptr = 1000 - sizeof(int) * 5 = 980 usando a equação ptr = ptr - 5 para subtrair o inteiro 5 dele.

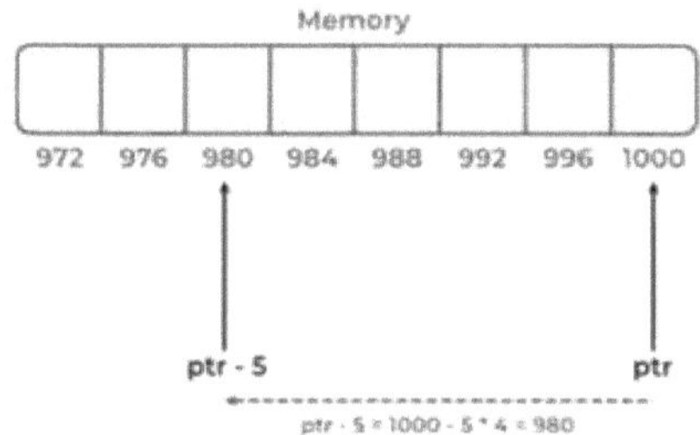

Fig 6.3 Subtração de inteiro para ponteiro

Exemplo:

```
//Programa C para ilustrar a subtração de ponteiro
#include <stdio.h>
//Código do motorista
int principal()
{
//Variável inteira
interno N = 4;
// Ponteiro para um inteiro
int *ptr1, *ptr2;
// Ponteiro armazena o endereço de N
ptr1 = &N;
ptr2 = &N;
printf("Ponteiro ptr2 antes da subtração: ");
printf("%p\n",ptr2);
// Subtração de 3 para ptr2
ptr2 = ptr2 - 3;
printf("Ponteiro ptr2 após subtração: ");
printf("%p\n",ptr2);
retornar 0;
}
```

Saída:

```
Ponteiro ptr2 antes da subtração: 0x7ffc701ed20c
Ponteiro ptr2 após subtração: 0x7ffc701ed200
```

4. **Comparações de ponteiros:**

Os ponteiros podem ser comparados usando operadores relacionais, como ==, < e >. Se p1 e p2 apontam para variáveis relacionadas entre si, como elementos da mesma matriz, então p1 e p2 podem ser comparados de forma significativa.

Exemplo:

```
// Programa C para ilustrar a comparação de ponteiros
#include <stdio.h>
int principal()
{
//declarando array
```

```
int arr[5];
//declarando ponteiro para o nome do array
int* ptr1 = &arr;
//declarando ponteiro para o primeiro elemento
int* ptr2 = &arr[0];
se (ptr1 == ptr2)
{
printf("O ponteiro para o nome do array e o primeiro elemento são iguais.");
} else { printf("O ponteiro para o nome do array e o primeiro elemento não são iguais.");
}
retornar 0;
}
```

Saída:

O ponteiro para o nome da matriz e o primeiro elemento são iguais.

6.5 Manipulação de array usando ponteiros

Os ponteiros podem ser usados para modificar matrizes de várias maneiras. A seguir estão algumas manipulações típicas de array:

1. **Acessando elementos do array usando ponteiros:**

Acessar elementos de array usando ponteiros em C envolve desreferenciar o ponteiro para obter o valor armazenado em um local específico da memória. Os ponteiros podem ser inicializados com o endereço do primeiro elemento de um array. O incremento do ponteiro permite a navegação pelo array, facilitando o acesso direto a cada elemento.

Exemplo: **int *ptr = matriz;**

inicializa um ponteiro para o primeiro elemento e ***(ptr + i)** acessa o i-ésimo elemento, onde 'i' é o índice.

Exemplo:

```
#include <stdio.h>
int principal()
{
int arr[] = {1, 2, 3, 4, 5};
int *ptr = arr; // Aponta para o primeiro elemento do array
//Acessando elementos do array usando ponteiros
for (int i = 0; i < 5; ++i) {
printf("Elemento %d: %d\n", i, *(ptr + i));
}
retornar 0;
}
```

Saída:

Elemento 0: 1
Elemento 1: 2
Elemento 2: 3
Elemento 3: 4
Elemento 4: 5

2. **Modificando elementos do array usando ponteiros:**

Modificar elementos do array usando ponteiros em C envolve inicializar um ponteiro com o endereço do array. Ao desreferenciar o ponteiro, você pode acessar e modificar os elementos diretamente, por exemplo, ***ptr = newValue;** .

Exemplo:

```
#include <stdio.h>
int principal()
{
int arr[] = {1, 2, 3, 4, 5};
int *ptr = arr; // Aponta para o primeiro elemento do array
// Modificando elementos do array usando ponteiros
for (int i = 0; i < 5; ++i) {
*(ptr + i) *= 2;
}
//Exibe o array modificado
para (int i = 0; i < 5; ++i)
{
printf("%d ", arr[i]);
}
retornar 0;
}
```

Saída:

2 4 6 8 10

3.Passando arrays para funções usando ponteiros:

Ao passar arrays para funções em C usando ponteiros, o parâmetro da função é declarado como um tipo de ponteiro (por exemplo, void modificarArray(int *arr, int size)). A função recebe o endereço base do array, permitindo acesso direto aos seus elementos. As alterações feitas na função afetam diretamente o array original. Essa abordagem baseada em ponteiro evita passar todo o array, melhorando a eficiência nas chamadas de função.

Exemplo:

```
#include <stdio.h>
//Função para modificar elementos do array usando ponteiros
void modificarArray(int *ptr, tamanho int)
{
for (int i = 0; i <tamanho; ++i)
{
*(ptr + i) *= 3;
}
}
int principal()
{
int arr[] = {1, 2, 3, 4, 5};
int tamanho = sizeof(arr) / sizeof(arr[0]);
//Passando o array para uma função usando um ponteiro
modificarArray(arr, tamanho);
//Exibe o array modificado
for (int i = 0; i <tamanho; ++i)
{
printf("%d ", arr[i]);
```

```
}
retornar 0;
}
```

Saída:

3 6 9 12 15

6.6 Tipos de dados definidos pelo usuário

Os tipos de dados definidos pelo próprio usuário são chamados de tipos de dados definidos pelo usuário.

Tipos de DataTypes definidos pelo usuário

Existem 4 tipos de tipos de dados definidos pelo usuário em C. Eles são

1. Estrutura
2. União
3. Enum

1. Estrutura:

Estruturas são usadas para agrupar itens de diferentes tipos em um único tipo.

- A palavra-chave "struct" é usada para definir uma estrutura.
- O tamanho da estrutura é igual ou maior que o tamanho total de todos os seus membros.

Sintaxe

```
estrutura nome_da_estrutura
{
tipo_de_dados nome_membro1;
tipo_de_dados nome_membro1;
};
```

```
//Código C para implementar uma struct
#include <stdio.h>
//Definindo uma estrutura
estrutura Pessoa
{
empresa char[50];
vida útil interna;
};
int principal()
{
//Declarando uma variável do tipo estrutura
estrutura Pessoa person1={"abcdef",30};
// Acessando e imprimindo membros da estrutura
printf("Nome: %s\n", pessoa1.empresa);
printf("Idade: %d\n", pessoa1.lifespan);
retornar 0;
}
```

Saída:

Nome: abcdef

Idade: 30

2. União

Uniões é que todos os membros da união são armazenados no mesmo local de memória, resultando em apenas um membro contendo dados ao mesmo tempo. O tamanho do sindicato é o tamanho do seu maior membro. A união é declarada usando a palavra-chave "união".

Sintaxe

sindicato *union_name*

{

tipo de dados *membro1;*

tipo de dados *membro2;*

...

};

Exemplo:

// Código C para implementar União

#include <stdio.h>

// Declarando um sindicato union Data {

int eu;

flutuar f;

charstr[20];

};

int principal()

{

//criando uma instância chamada 'data' da união Data

dados sindicais d;

di = 10;

printf("Dados.i: %d\n", di);

df = 3,14;

printf("Dados.f: %f\n", df);

strcpy(d.str, "abcdef"); printf("Dados.str: %s\n", d.str); retornar 0;

}

Saída:

Dados.i: 10

Dados.f: 3,140000

Dados.str: abcdef

3. **Enumerações:**

As enumerações permitem definir um conjunto de constantes inteiras nomeadas. **Eaxampe:**

#include <stdio.h>

//Definir uma enumeração

enum Dia da semana {

Segunda-feira,

Terça-feira,

Quarta-feira,

Quinta-feira,

Sexta-feira,

Sábado,

Domingo

};

int principal()

{

// Declara uma variável do tipo enumeração enum Weekday today = Wednesday;

// Usando as constantes de enumeração printf("Hoje é %d\n", hoje);
retornar 0;
}

Saída:

Hoje são 2

Banco de perguntas
com 2 pontos em perguntas

1. Defina um ponteiro em C e explique sua função.
2. Defina uma estrutura em C e descreva sua finalidade.
3. Diferencie entre estruturas e uniões em C.
4. Explique a relação entre arrays e ponteiros em C.
5. Explique o significado do asterisco (*) em uma declaração de ponteiro.

Perguntas de 10 pontos

1. Descreva a função do operador de desreferência (*) quando aplicado a um ponteiro. Forneça um exemplo para ilustrar seu uso.
2. Desenvolva um programa em C que use um ponteiro para iterar por uma matriz de estruturas que representam os alunos. Exiba os nomes dos alunos e suas idades correspondentes.
3. Descreva como os ponteiros são empregados para passar arrays para funções em C. Forneça um exemplo para ilustrar o conceito.
4. Desenvolva um programa em C que use um ponteiro para iterar por uma matriz de estruturas que representam os alunos. Exiba os nomes dos alunos e suas idades correspondentes.
5. Compare as estratégias de alocação de memória para estruturas e uniões em C. Discuta cenários onde uma pode ser preferida em detrimento da outra.

Perguntas objetivas

1. Qual é a função principal de um ponteiro na programação C? [c]
A. Para armazenar valores inteiros B. Para manipular matrizes de caracteres
C. Para armazenar endereços de memória D. Para lidar com operações de arquivo
2. O que o operador de desreferência (*) faz quando aplicado a um ponteiro em C? [b]
A. Recupera o endereço de memória
B. Acessa o valor armazenado no endereço
C. Multiplica o valor por 2
D. Atribui um novo endereço ao ponteiro
3. Na aritmética de ponteiros, o que **o ptr++** faz? [b]
A. Diminui o ponteiro B. Adiciona 1 ao ponteiro
C. Multiplica o valor do ponteiro por 2 D. Redefine o ponteiro para seu valor inicial
4. Como os ponteiros podem ser vantajosos para iterar um array em C? [c]
A. Eles fornecem melhor alocação de memória
B. Eles simplificam a declaração do array
C. Eles permitem acesso direto aos elementos do array
D. Eles eliminam a necessidade de loops
5. O que é uma estrutura em C? [b]
A. Um ponteiro para uma variável B. Uma sequência de tipos de dados semelhantes
C. Uma função que retorna um valor D. Um tipo de dados predefinido
6. Qual operador é usado para obter o endereço de memória de uma variável em C? [a]

A. **e** B. * C. # D. @

7. Se **ptr** é uma variável ponteiro em C, o que significa ***ptr = 10;** fazer? [c]

A. Atribui o valor 10 à variável ponteiro

B. Define o endereço de memória do ponteiro para 10

C. Atribui o valor 10 ao local de memória apontado por **ptr**

D. Multiplica o valor do ponteiro por 10

8. Qual é o resultado da subtração de dois ponteiros em C? [b]

A. A diferença absoluta dos endereços

B. O número de elementos entre os dois endereços

C. A soma dos endereços

D. A diferença em seus valores

9. Como a memória é alocada para um array de tamanho dinâmico usando ponteiros em C?

A. Usando a função **malloc** B. Usando o operador **sizeof** [a]

C. Automaticamente pelo compilador D. Somente através da função **calloc** 10. O que é união em C?

A. Uma sequência de tipos de dados semelhantes B. Um tipo de dados predefinido

C. Uma variável que contém um endereço de memória

D. Um tipo especial de estrutura onde todos os membros compartilham o mesmo espaço de memória

Capítulo 7

FUNÇÕES

7.1 Funções

Uma função é um grupo de instruções que juntas executam uma tarefa.

- Todo programa C tem pelo menos uma função, que é **main()**
- As instruções de programação de uma função são colocadas entre **{ } colchetes**, tendo certos significados e executando certas operações.

7.1.1 Declaração de Função

Uma **declaração de função** informa ao compilador sobre o nome, o tipo de retorno e os parâmetros de uma função.

• Uma declaração de função informa ao compilador que existe uma função com o nome fornecido definida em algum outro lugar do programa.

Sintaxe:

return_type **nome_da_função** (parâmetro_1, parâmetro_2);

Exemplo

int **soma** (int *a* , int *b*);

soma interna (int, int);

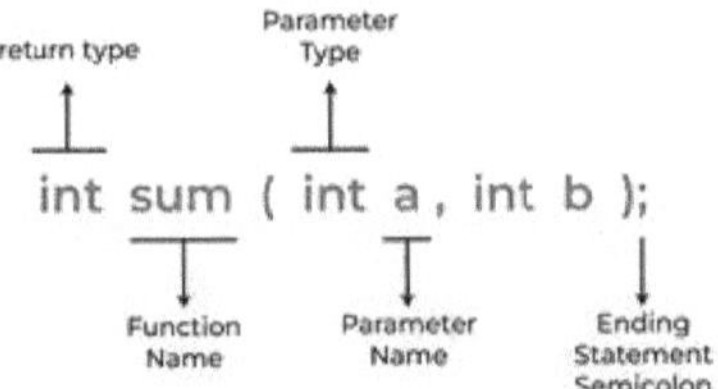

Fig 7.1 declaração de função

7.1.2 Definição de Função

A definição da função consiste em instruções reais que são executadas quando a função é chamada (ou seja, quando o controle do programa chega à função).

Sintaxe:

tipo_retorno **nome_função** (tipo_para1 nome_para1, tipo_para2 nome_para2)

{

//corpo da função

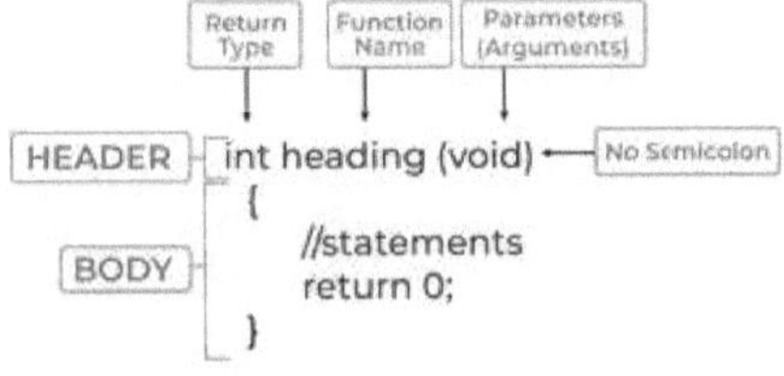

Fig 7.2 definição de função

7.1.3 Chamada de Função

Uma chamada de função é uma instrução que instrui o compilador a executar a função. Na chamada de função, pode-se fazer uso do nome e dos parâmetros da função.

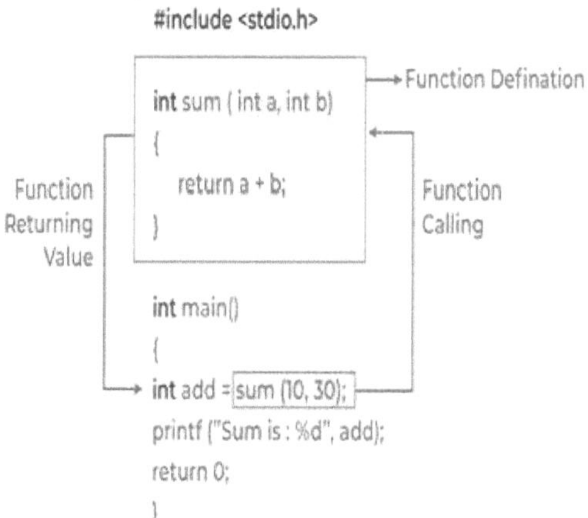

Fig 7.3 Funcionamento da chamada de função

Na figura 5.3 acima, a primeira função soma é chamada e 10,30 são passados para a função soma. Após a chamada de função, a soma de a e b é retornada e o controle também é retornado para a função principal do programa.

Exemplo:

```
/* Escreva um programa para calcular o fatorial de um determinado valor usando funções */
#include<stdio.h> #include<conio.h> main()
{
                                        intp,n;
clrscr();
printf("\nDigite um valor = ");
scanf("%d",&n);
p = Fato (n);
printf("\nValor Fatorial = %d",p);
}
fato interno (int k)
{
int eu,f=1;
para(i=1;i<=k;i++)
f=f*i;
retornar f;
}.
```

Saída:

Insira um valor =4

Valor fatorial = 24

7.1.3.1 Tipo de chamada de função C

eu. Chamada por valor

Chamada por valor em C é onde os argumentos passam um valor, que pode então ser usado dentro da função para realizar operações.

Exemplo:

```
//Programa C para implementar Chamada por valor
#include <stdio.h>
// Chamada por valor int sum(int x, int y) {
interno c;
c = x + y;
// Valor inteiro retornado return c;
}
//Código do motorista
int principal()
{
// Inteiro declarado int a = 3, b = 2;
// Função chamada int c = sum(a, b);
printf("Soma de %d e %d: %d", a, b, c);
retornar 0;
}
```

Saída:

Soma de 3 e 2: 5

ii. Chamada por Referência

Chamada por referência é o método em C onde a função é chamada passando endereços como argumentos.

Exemplo:

```
//Programa C para implementar Chamada por referência
#include <stdio.h>
// Chamada por referência void swap(int* x, int* y) {
temperatura interna = *x;
*x = *y;
*y = temperatura;
}
//Código do motorista
int principal()
{
// Declarando Inteiro int x = 1, y = 5;
printf("Antes da troca: x:%d , y:%d\n", x, y);
// Chamando a função swap(&x, &y);
printf("Após a troca: x:%d , y:%d\n", x, y);
retornar 0;
}
```

Saída

Antes de trocar: x:1 , y:5

Após a troca: x:5 , y:1

7.2 Categorias de Funções

Dependendo se os argumentos são passados ou não e a função retorna algum valor ou não, as funções são classificadas em diferentes categorias como:

1. Funções sem argumentos e sem valor de retorno
2. Funções com argumentos e sem valor de retorno
3. Funções sem argumentos e com valor de retorno

4. Funções com argumentos e com valor de retorno

Case 1: Funções sem argumentos e sem valor de retorno.

Nesse caso, a função chamadora não envia nenhum dado para a função chamada. Da mesma forma, após a implementação da função, a função chamada não retorna nenhum valor para a função chamadora.

Observação:

i) Se a função não retornar nenhum valor, o tipo de retorno deverá ser nulo.

ii) O tipo de retorno padrão de uma função é int.

Exemplo:

```
#include<stdio.h>
principal()
{
soma();
}
soma nula()
{
interno x,y,z;
printf("\nInsira dois valores = ");
scanf("%d%d",&x,&y);
z=x+y;
printf("\nResultado = %d",z);
}
```

Saída:

```
Insira dois valores =2
3
Resultado = 5
```

Case 2: Funções com argumentos e sem valor de retorno.

Neste caso, a função chamadora envia dados para a função chamada. Após a implementação da função, a função chamada não retorna nenhum valor para a função chamadora. Este tipo de comunicação é conhecido como comunicação de fluxo descendente.

Exemplo:

```
#include<stdio.h>
principal()
{
interno x,y;
printf("\nDigite dois valores:");
scanf("%d%d",&x,&y);
soma(x,y);
}
soma nula (int p,int q)
{
intz;
z=p+q;
printf("\nResultado = %d",z);
}
```

Saída:

Insira dois valores: 60
70
Resultado = 130

Case 3: Funções sem argumentos e com valor de retorno.

Nesse caso, a função chamadora não envia dados para a função chamada. Após a implementação da função, a função chamada retorna valor para a função chamadora. Este tipo de comunicação é conhecido como comunicação de fluxo ascendente.

Exemplo:

```
#include<stdio.h>
principal()
{
intp;
p=soma();
printf("\nResultado = %d",p);
}
soma interna()
{
interno x,y,z;
printf("\nDigite dois valores:");
scanf("%d%d",&x,&y);
z=x+y;
retornar z;
}
```

Saída:

Insira dois valores: 1048
2024
Resultado = 3072

Case 4: Funções com argumentos e com valor de retorno.

Nesse caso, a função chamadora envia dados para a função chamada e a função chamada também retorna um valor para a chamada da função após concluir a implementação da função. Este tipo de comunicação é conhecido como comunicação de fluxo bidirecional.

Exemplo:

```
#include<stdio.h>
principal()
{
interno x,y,z;
printf("\nDigite dois valores:");
scanf("%d%d",&x,&y);
z=soma(x,y);
printf("\nResultado = %d",z);
}
int soma(int p,int q)
{
int r;
r=p+q;
retornar r;
```

```
}
```

Saída:

Insira dois valores: 7778
9994
Resultado = 17772

7.3 Modificando parâmetros usando ponteiros

Quando você passa parâmetros para uma função usando ponteiros, a função pode acessar e modificar os dados reais na função de chamada.

Exemplo:

```
#include <stdio.h>
//Função que modifica um parâmetro inteiro usando um ponteiro
void modificarValue(int *num)
{
//Incrementa o valor apontado por num
*num=*num+1;
}
int principal()
{
valor interno = 5;
printf("Antes: %d\n", valor);
//Passa o endereço de 'valor' para a função
modificarValor(&valor);
printf("Depois: %d\n", valor);
retornar 0;
}
```

Saída:

Antes: 5
Depois: 6

No programa de exemplo acima, a função **modificarValue** usa um ponteiro para um número inteiro (**int *num**) como parâmetro. Em seguida, incrementa o valor apontado por **num** . Na função principal, o endereço da variável **de valor** é passado usando o operador **& .**

7.4 Passando Arrays como Parâmetros

No programa de exemplo abaixo, a função **modificarArray** usa um array (**int arr[]**) e seu tamanho como parâmetros. Em seguida, incrementa cada elemento da matriz. A função **main** declara um array (**numbers**) e seu tamanho, passa-os para a função **modificarArray** e imprime o array modificado posteriormente.

Exemplo:

```
#include <stdio.h>
//Função que modifica elementos de um array usando ponteiros
void modificarArray(int arr[], int tamanho)
{
for (int i = 0; i <tamanho; i++)
{
// Incrementa cada elemento do array arr[i]++;
}
}
```

```
int principal()
{
números internos[] = {1, 2, 3, 4, 5};
int tamanho = sizeof(números) / sizeof(números[0]);
printf("Antes: ");
for (int i = 0; i <tamanho; i++)
{
printf("%d ", números[i]);
}
printf("\n");
// Passa o array e seu tamanho para a função modificarArray(numbers, size);
printf("Depois: ");
for (int i = 0; i <tamanho; i++)
{
printf("%d ", números[i]);
}
printf("\n");
retornar 0;
}
```

Saída:

Antes: 1 2 3 4 5

Depois: 2 3 4 5 6

7.5 Escopo das Variáveis

i . **Variáveis locais:**

- Declarado dentro de um bloco, como uma função ou uma instrução composta.
- Acessíveis apenas dentro do bloco em que são declarados.
- Oculto de outros blocos ou funções.

Exemplo:

```
#include <stdio.h>
exemplo vazioFunção()
{
int Var local = 10; // Variável local printf("Variável local: %d\n", localVar);
}
int principal()
{
// localVar não está acessível aqui
exemploFunção();
retornar 0;
}
```

Saída:

Variável Local: 10

ii . **Variáveis globais:**

- Declarado fora de qualquer função ou bloco.
- Acessível durante todo o programa.
- Pode ser usado por múltiplas funções.

Exemplo:

```
#include <stdio.h>
int Var global = 20; //Variável global
exemplo vazioFunção()
{
                              printf("Variável Global: %d\n", globalVar);
}
int principal()
{
exemploFunção();
                              printf("Variável Global: %d\n", globalVar);
retornar 0;
}
```

Saída:

Variável Global: 20

Variável Global: 20

7.6 Vida útil das variáveis

i. **Variáveis automáticas (locais):**

- Existem apenas durante a execução do bloco em que são declarados.
- Criado quando o bloco é inserido e destruído quando ele é encerrado.
- A memória normalmente é alocada na pilha.

Exemplo:

```
#include <stdio.h>
exemplo vazioFunção()
{
int Var local = 10; // Variável automática (local) printf("Variável local: %d\n", localVar);
// localVar é destruído quando a função é encerrada
}
int principal()
{
// localVar não existe aqui
exemploFunção();
retornar 0;
}
```

Saída:

Variável Local: 10

ii. **Variáveis estáticas:**

- Existem durante toda a execução do programa.
- Criado e inicializado apenas uma vez.
- A memória normalmente é alocada no segmento de dados.

Exemplo:

```
#include <stdio.h>
exemplo vazioFunção()
{
static int staticVar = 5; // Variável estática printf("Variável estática: %d\n", staticVar);
Var estática++;
}
```

```
int principal()
{
exemploFunção();
exemploFunção();
exemploFunção();
retornar 0;
}
```

Saída:

Variável estática: 5

Variável estática: 6

Variável estática: 7

iii. **Variáveis globais:**

- Existem durante toda a execução do programa.
- A memória normalmente é alocada no segmento de dados.
- Criado quando o programa é iniciado e destruído quando ele termina.

Banco de perguntas

Perguntas de 2 pontos

1. Qual é o objetivo principal do uso de funções na programação?
2. O que o tipo de retorno de uma função indica em sua declaração?
3. Cite uma maneira pela qual os argumentos de função podem ser passados para uma função.
4. Defina o escopo de uma variável na programação C.
5. A que se refere o termo "vida útil de uma variável" no contexto da programação C?

Perguntas de 10 pontos

6. Explique o propósito das funções na programação. Como eles contribuem para a organização e reutilização do código?
7. Desenvolva uma função que aceite um array como argumento, encontre a média e a retorne. Demonstre a função com um array de amostra.
8. Escreva um programa em C que declare e defina uma função para calcular o fatorial de um determinado número. Demonstre seu uso.
9. Avalie os benefícios e as desvantagens de passar argumentos por valor e por referência em chamadas de função. Forneça cenários onde cada um seja preferível.
10. Avalie o escopo e o tempo de vida das variáveis nas chamadas de função aninhadas. Como a visibilidade variável muda em diferentes escopos?

Perguntas objetivas

1. Qual é o objetivo principal das funções na programação C? [c]

A. Para declarar variáveis B. Para realizar operações aritméticas
C. Para organizar e modularizar o código D. Para definir constantes

2. Em C, onde o protótipo da função deve ser declarado? [a]

A. Antes da função **principal** B. Depois da função **principal**
C. Dentro da função **principal** D. Em qualquer lugar do programa

3. O que o tipo de retorno de uma função indica em C? [c]

A. O tipo do primeiro argumento
B. O tipo do último argumento
C. O tipo do valor que a função retorna
D. O tipo do nome da função

4. Como os parâmetros podem ser modificados dentro de uma função em C? [d]

A. Usando variáveis globais B. Declarando parâmetros como constantes
C. Passando parâmetros por valor D. Usando ponteiros

5. Ao passar um array para uma função em C, qual é a principal vantagem de usar ponteiros? [c]

A. Sintaxe de array aprimorada B. Declaração de array simplificada
C. Acesso direto aos elementos da matriz D. Escopo aprimorado da matriz

6. Qual é o propósito da função **principal** em um programa C? [c]

A. Para declarar variáveis B. Para realizar operações aritméticas
C. Para organizar e modularizar o código D. Para definir constantes

7. Qual é a principal diferença entre declaração e definição de função em C? [b]

A. As declarações contêm o corpo da função, enquanto as definições não

8. As declarações especificam o tipo de retorno, o nome e os parâmetros da função, enquanto as definições incluem a implementação da função
9. As declarações são opcionais, enquanto as definições são obrigatórias
10. As declarações incluem protótipos, enquanto as definições não

8. Em C, qual é o propósito dos argumentos de função? [c]

A. Para armazenar variáveis locais
B. Para especificar o tipo de retorno da função
C. Para receber valores de entrada do código de chamada
D. Para declarar constantes

9. Que tipo de passagem de parâmetros permite modificações no valor original dentro de uma função? [b]

A. Passagem por valor B. Passagem por referência C. Passagem por constante D. Passagem por ponteiro

10. Como um array é declarado como parâmetro em uma função C? [a] A. matriz int[] B. int *matriz C. matriz[] D. matriz*

Capítulo - 8

MANIPULAÇÃO DE ARQUIVOS

8.1 Definição de arquivo

Um arquivo é uma coleção de dados armazenados na memória secundária.

• Os arquivos não são usados apenas para armazenar dados, os programas também são armazenados em arquivos.

8.2 Tipos de arquivos

Um arquivo pode ser classificado em dois tipos com base na forma como o arquivo armazena os dados.

- **Arquivos de texto**
- **Arquivos binários**

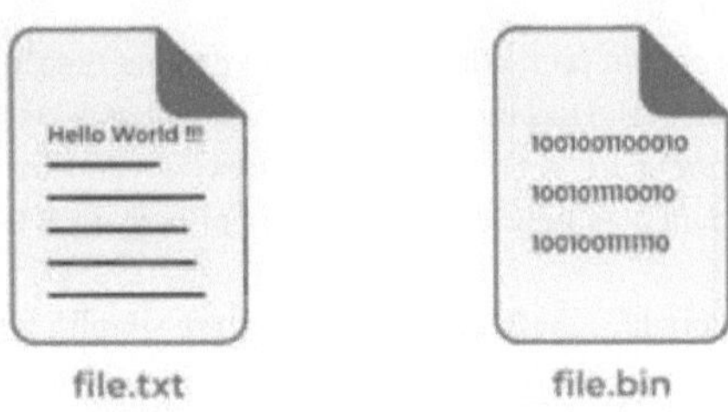

Fig 6.1 Tipos de arquivos em C

i. Arquivos de texto

Um arquivo de texto contém dados na **forma de caracteres ASCII** e geralmente é usado para armazenar um fluxo de caracteres.

- Cada linha em um arquivo de texto termina com um caractere de nova linha ('\n').
- Pode ser lido ou escrito por qualquer editor de texto.
- Eles geralmente são armazenados com extensão de arquivo **.txt** .
- Arquivos de texto também podem ser usados para armazenar o código-fonte.

ii. Arquivos binários

Um arquivo binário contém dados em **formato binário (ou seja, 0 e 1)** em vez de caracteres ASCII. Eles contêm dados que são armazenados de maneira semelhante à forma como são armazenados na memória principal.

- Os arquivos binários só podem ser criados dentro de um programa e seu conteúdo só pode ser lido por um programa.
- Mais seguros porque não são facilmente legíveis.
- Eles geralmente são armazenados com extensão de arquivo **.bin** .

8.3 Noções básicas de manipulação de arquivos

A manipulação de arquivos em C envolve o processo de criação, abertura, leitura, gravação e fechamento de operações em um arquivo. A linguagem C fornece diferentes funções, como fopen(), fwrite(), fread(), fseek(), fprintf(), etc. para realizar entrada, saída e muitas operações diferentes de arquivo C em nosso programa.

Importância do manuseio de arquivos:

- **Reutilização:** Os dados armazenados no arquivo podem ser acessados, atualizados e excluídos em qualquer lugar e a qualquer momento, proporcionando alta capacidade de reutilização.

- **Portabilidade:** Sem perder nenhum dado, os arquivos podem ser transferidos para outro sistema de computador. O risco de codificação incorreta é minimizado com esse recurso.
- **Eficiente:** Uma grande quantidade de informações pode ser necessária para alguns programas. O manuseio de arquivos permite acessar facilmente uma parte de um arquivo usando poucas instruções, o que economiza muito tempo e reduz a chance de erros.
- **Capacidade de armazenamento:** Os arquivos permitem armazenar uma grande quantidade de dados sem ter que se preocupar em armazenar tudo simultaneamente em um programa.

8.4 Operações de arquivo C

As operações de arquivo C referem-se às diferentes operações possíveis que podem ser executadas em um arquivo em C, como:

1. Criando um novo arquivo - **fopen() com atributos como "a" ou "a+" ou "w" ou "w+"**
2. Abrindo um arquivo existente – **fopen()**
3. Lendo do arquivo - **fscanf() ou fgets()**
4. Escrevendo em um arquivo - **fprintf() ou fputs()**
5. Movendo para um local específico em um arquivo - **fseek(), rewind()**
6. Fechando um arquivo - **fclose()**

8.5 Ponteiro de arquivo

Um ponteiro de arquivo é uma referência a uma posição específica no arquivo aberto. É usado no tratamento de arquivos para realizar todas as operações de arquivo, como leitura, gravação, fechamento, etc.

• O tipo **FILE** é definido no arquivo de cabeçalho **stdio.h**

Exemplo:

```
#include <stdio.h> int main() {
ARQUIVO *filePointer; //Declara um ponteiro de arquivo
// As operações de abertura, fechamento, leitura e gravação de arquivos vão aqui return 0;
}
```

8.6 Abrindo um arquivo

Para abrir um arquivo, você pode usar a função **fopen** .

A função recebe dois parâmetros: o nome do arquivo e o modo (por exemplo, "r" para leitura, "w" para gravação, "a" para acréscimo).

```
ARQUIVO *filePointer;
filePointer = fopen("exemplo.txt", "r"); //Abre o arquivo para leitura
```

8.7 Lendo de um arquivo

Você pode usar funções como **fscanf** ou **fgets** para ler um arquivo.

```
ARQUIVO *filePointer;
filePointer = fopen("exemplo.txt", "r"); //Abre o arquivo para leitura
```

Exemplo:

```
// Programa C para ilustrar a abertura e leitura de um arquivo
#include <stdio.h>
#include <stdlib.h>
int principal()
{
// variável de ponteiro de arquivo para armazenar o valor retornado por
// fopen
ARQUIVO* fptr;
```

```
// abrindo o arquivo em modo leitura fptr = fopen("filename.txt", "r");
// verificando se o arquivo foi aberto com sucesso
if (fptr == NULO)
{
printf("O arquivo não foi aberto. O programa será ""encerrado agora.");
saída(0);
}
retornar 0;
}
```

Saída

O arquivo não foi aberto. O programa será encerrado agora.

8.8 Criar/escrever um arquivo

A função fopen() pode não apenas abrir um arquivo, mas também criar um arquivo se ele ainda não existir. Para isso, deve-se utilizar os modos que permitem a criação de um arquivo caso não seja encontrado como w, w+, wb, wb+, a, a+, ab e ab+.

ARQUIVO*fptr;

fptr = **fopen** (" *nome do arquivo.txt* ", " **w** ");

Exemplo:

```
//Programa C para criar um arquivo
#include <stdio.h>
#include <stdlib.h>
int principal()
{
//ponteiro de arquivo
ARQUIVO* fptr;
//criando arquivo usando fopen() modo de acesso "w"
fptr = fopen("arquivo.txt", "w");
// verificando se o arquivo foi criado
if (fptr == NULO)
{
printf("O arquivo não está aberto. O programa irá ""sair agora"); saída(0);
}
outro
{
printf("O arquivo foi criado com sucesso.");
}
retornar 0;
}
```

Saída

O arquivo foi criado com sucesso.

8.9 Fechando um arquivo

Sempre feche um arquivo quando terminar usando a função **fclose** . fclose(filePointer)

Exemplo 1: Programa para criar um arquivo, escrever nele e fechar o arquivo

```
//Programa C para abrir um arquivo,
//Escreva nele e feche o arquivo
#include <stdio.h>
```

```
#include <string.h>
int principal()
{
//Declara o ponteiro do arquivo
ARQUIVO* arquivoPointer;
// Obtém os dados a serem gravados no arquivo
                                        char dataToBeWritten[50] = "ABCDEFG " "IJKLMNO";
//Abra o arquivo existente GfgTest.c usando fopen()
// no modo de gravação usando o atributo "w" filePointer = fopen("GfgTest.c", "w");
// Verifica se este filePointer é nulo
// que talvez se o arquivo não existir
if (filePointer == NULO)
{
printf("Falha ao abrir o arquivo GfgTest.c.");
}
outro
{
printf("O arquivo agora está aberto.\n")
//Escreve o dataToBeWritten no arquivo
if (strlen(dataToBeWritten) > 0)
{
// escrevendo no arquivo usando fputs() fputs(dataToBeWritten, filePointer); fputs("\n",
filePointer);
}
// Fechando o arquivo usando fclose() fclose(filePointer);
printf("Dados gravados com sucesso no arquivo " "GfgTest.c\n");
printf("O arquivo está fechado.");
}
retornar 0;
}
```

Saída

O arquivo agora está aberto.
Dados gravados com sucesso no arquivo GfgTest.c
O arquivo agora está fechado

Exemplo 2: Programa para abrir um arquivo, ler e fechar o arquivo // Programa C para abrir um arquivo, ler e fechar o arquivo #include <stdio.h>

```
#include <string.h>
int principal()
{
//Declara o ponteiro do arquivo
ARQUIVO* arquivoPointer;
//Declara a variável para os dados serem lidos
// arquivo
char dataToBeRead[50];
//Abra o arquivo existente GfgTest.c usando fopen()
//em modo de leitura usando o atributo "r"
```

```
filePointer = fopen("GfgTest.c", "r");
// Verifica se este filePointer é nulo
// que talvez se o arquivo não existir
if (filePointer == NULO)
{
printf("Falha ao abrir o arquivo GfgTest.c.");
}
outro
{
printf("O arquivo agora está aberto.\n");
//Lê o dataToBeRead do arquivo
// usando o método fgets()
enquanto (fgets(dataToBeRead, 50, filePointer)!= NULL)
{
                                        //Imprime o dataToBeRead
                                        printf("%s", dataToBeRead);
}
//Fechando o arquivo usando fclose()
fclose(filePointer);
printf("Dados lidos com sucesso do arquivo GfgTest.c\n");
printf("O arquivo está fechado.");
}
retornar 0;
}
```

Saída

O arquivo agora está aberto.
abcdefghijklmno
Dados lidos com sucesso do arquivo GfgTest.c
O arquivo agora está fechado

Exemplo-3 Crie um programa C que anexa dados a um arquivo binário existente.

```
#include <stdio.h>
#include <stdlib.h>
int principal()
{
ARQUIVO *arquivo;
char data[] = "Estes são novos dados a serem anexados.";
// Passo 1: Abra o arquivo em modo binário com "ab" (anexar binário) file =
fopen("existente_file.bin", "ab");
if (arquivo == NULO)
{
perror("Erro ao abrir arquivo");
retornar 1;
}
// Passo 2: Procure até o final do arquivo (opcional, mas recomendado)
fseek(arquivo, 0, SEEK_END);
// Etapa 3: Gravar dados no arquivo
```

```
fwrite(dados, sizeof(char), sizeof(dados)-1, arquivo);
// Passo 4: Feche o arquivo
fclose(arquivo);
printf("Dados anexados com sucesso.\n");
retornar 0;
}
```

Saída:

Dados anexados com sucesso.

Exemplo 4: Escreva um programa C para ler dados de um arquivo de texto e exibi-los no console. Inclui tratamento de erros para abertura de arquivo.

```
#include <stdio.h>
#include <stdlib.h>
int principal()
{
ARQUIVO *arquivo;
char nome do arquivo[] = "sample.txt";
buffer de caracteres[100]; //Ajuste o tamanho do buffer conforme necessário
// Passo 1: Abra o arquivo em modo de leitura file = fopen(filename, "r");
if (arquivo == NULO)
{
perror("Erro ao abrir arquivo");
retornar 1;
}
// Etapa 2: Ler e exibir dados do arquivo while (fgets(buffer, sizeof(buffer), file) != NULL)
{
printf("%s", buffer);
}
// Passo 3: Fechar o arquivo fclose(file);
retornar 0;
}
```

Saída:

Olá, esta é a linha 1.
Esta é a linha 2.
E aqui está a linha 3.

Exemplo 5: Desenvolva um programa que copie o conteúdo de um arquivo de texto para outro.

```
#include <stdio.h>
#include <stdlib.h>
int principal()
{
ARQUIVO *arquivofonte, *arquivodestino;
char sourceFileName[] = "source.txt";
char destinoNomeArquivo[] = "destino.txt";
buffer de caracteres[100]; //Ajuste o tamanho do buffer conforme necessário
// Passo 1: Abra o arquivo fonte em modo de leitura sourceFile = fopen(sourceFileName, "r");
if (arquivofonte == NULL)
```

```
{
perror("Erro ao abrir arquivo fonte");
retornar 1;
}
// Passo 2: Abra o arquivo de destino no modo de gravação destinationFile =
fopen(destinationFileName, "w");
if (arquivodedestino == NULL)
{
perror("Erro ao abrir arquivo de destino");
fclose(arquivofonte);
retornar 1;
}
// Etapa 3: Copiar o conteúdo do arquivo de origem para o arquivo de destino while
(fgets(buffer, sizeof(buffer), sourceFile) != NULL) {
fputs(buffer, arquivodestino);
}
// Passo 4: Feche ambos os arquivos
fclose(arquivofonte);
fclose(arquivodestino);
printf("Arquivo copiado com sucesso.\n");
retornar 0;
}
```

Saída:

Arquivo copiado com sucesso.

Banco de perguntas
com 2 pontos em perguntas

1. Qual é o objetivo principal do tratamento de arquivos na programação?
2. Qual é a função dos modos de arquivo (por exemplo, "r", "w", "a") no tratamento de arquivos C?
3. O que a função "fopen()" faz no tratamento de arquivos C?
4. Descreva a função da função "fclose()" no tratamento de arquivos C.
5. Cite dois tipos de arquivos comumente usados no tratamento de arquivos, especificando suas diferenças.

Perguntas de 10 pontos

1. Explique o propósito do tratamento de arquivos na programação. Como isso contribui para a persistência dos dados?
2. Discuta o conceito de modos de arquivo (por exemplo, “r”, “w”, “a”) em C. Como eles influenciam as operações de arquivo?
3. Escreva um programa C para ler dados de um arquivo de texto e exibi-los no console. Inclui tratamento de erros para abertura de arquivo.
4. Desenvolva um programa que copie o conteúdo de um arquivo de texto para outro. Garanta o manuseio adequado da abertura e fechamento do arquivo.
5. Crie um programa C que anexe dados a um arquivo binário existente. Explique as etapas envolvidas no processo.

Perguntas objetivas

1. Qual é o objetivo principal do tratamento de arquivos na programação C? [d]

A. Para declarar variáveis B. Para realizar operações aritméticas
C. Para organizar e modularizar código D. Para ler e gravar arquivos
2. Como um arquivo é aberto em C para gravação de dados? [b]
A.fopen("arquivo.txt", "r"); B.fopen("arquivo.txt", "w");
C.fopen("arquivo.txt", "a"); D.fopen("arquivo.txt", "x");
3. Qual função é usada para ler um caractere de um arquivo em C? [a]
A. fgetc() B. fgets()C. pão()D. ler()
4. Em C, qual função é comumente usada para escrever uma string em um arquivo? [c]
A. fwrite() B. fputs()C. fprintf()D. escrever()
5. Como a posição do arquivo pode ser movida para o início de um arquivo em C? [c]
A.fmove(fp, SEEK_SET); B.fseek(fp, 0, SEEK_CUR);
C.fseek(fp, 0, SEEK_SET); D.fseek(fp, 0, SEEK_END);
6. O que significa o modo "rb" ao abrir um arquivo em C? [b]
A. Ler e escrever em modo binário B. Ler em modo binário
C. Ler e escrever em modo texto D. Ler em modo texto
7. Qual função é usada para verificar se ocorreu um erro durante uma operação de arquivo em C? [a] A. ferror() B. feof()C. erro()D. erro de arquivo()
8. Como um arquivo pode ser aberto para anexar dados em C? [b]
A. fopen("arquivo.txt", "w"); B.fopen("arquivo.txt", "a");
C.fopen("arquivo.txt", "r+"); D.fopen("arquivo.txt", "a+");
9. Qual função é adequada para ler um bloco de dados de um arquivo binário em C? [a] A. fread() B. fgets()C. fscanf()D. fgetc()
10. Como um arquivo é fechado após realizar operações em C? [a]
A. fclose(arquivo); B. fechar(arquivo);C. arquivofechar(arquivo);D. fechararquivo(arquivo);

Livros de referência

1. "A linguagem de programação C", Brian W. Kernighan e Dennis M. Ritchie, Prentice - Hall, 1988

2. Esboço de programação de Schaum com C, Byron S Gottfried, McGraw-Hill Education, 1996

3. Fundamentos de computação e programação C, Balagurusamy, E., McGraw-Hill Education, 2008.

4. Programação em C, Rema Theraja, Oxford, 2016, 2ª edição

5. Programação C, Uma Abordagem de Resolução de Problemas, Forouzan, Gilberg, Prasad, CENGAGE, 3ª edição

Link do site

1. https://onlinecourses.nptel.ac.in/noc24 cs02
2. NPTEL :: Ciência e Engenharia da Computação - NOC:Introdução à programação em C
3. https://www.tutorialspoint.com/cprogramming
4. https://www.geeksforgeeks.org/c-programming-linguagem

Printed by Books on Demand GmbH, Norderstedt / Germany